# アミダ
# プロジェクト

## 人間社会を問い返す最後の根拠

野世信水

永田文昌堂

# はじめに

国家というものが基本的に持っている本質は、一部の人間が握った支配のための権力性であり、そこにある領土と国民は、彼らにとっては単なる所有物でしかない。そんなことを、今回のロシアとウクライナの戦争は改めて考えさせてくれました。横暴な政治指導者たちを見るとき、人間の権力志向の行き着く先を思い知らされます。

なぜ人間は力を求めるのでしょう。力には、どんな魅力があるのでしょう。人間にとって力とは何なのでしょうか。誰でもみんな力を持っています。ただ、あらゆる存在は関係上にあるわけですから、必ずそこには比較が生まれ、強弱関係が生まれます。力と力が向き合ったとき、強い力の者が、弱い力の者を動かすことができます。強い力の者は自分の意思を貫くことができ、逆に弱い力の者は自分の意思に反して望まぬ変化を強いられることになります。

生命あるものはその命の本能によって動きます。命の本能は、自らの命の存続を求めます。苦を避け楽を求めようとします。自らに執着し、欲望を貫こうとするのが生命体です。そして人間は、その点において他に抜きんでた生物として存在しています。人間の本能はおのずと暴力に向かい、差別を生み続けてきました。

私はただの坊主崩れです。現在の世界情勢について分析理解できる能力など、端からありません。ただ、今の世の中を見るにつけて思うことはあります。人間の社会というものが、間違いなく力の論理で動いており、そのことは人間の本性のなせることであるということ。今日の世界はそれによって行き詰った状況であるということ。そしてそのことを二千年以上も昔に見据え、そこに必然的に生まれ出る苦悩の解決を模索し提示したのが、シャカムニブッダの仏教であったということ。そのことを強く思うのです。そうであるならば、今私たちが求めねばならないことは何なのか。その仏教の再確認ではないのかと。悲しいかなすでに仏教はその本質を見失い、歪みにゆがんだ形骸が残っているだけです。

縁あって親鸞という先人を通して仏教にかかわりを持たされた者として、もう一度、今日的視点のもとで親鸞さんの残した仏教に向き合う必要を感じています。本願寺は親鸞さんと遠く乖離したものとして成立しました。浄土真宗の現実が、そのことへの自覚もないまま定着していることを思うとき、もう一度原点から仕切り直す必要を感じます。私たちが生きる二十一世紀の視点から、親鸞さんの念仏の真意を明らかにする必要があります。

難しい理屈を述べるつもりはありませんし、そのようなことは出来もしません。今私たちに必要なものは、学問としての仏教ではなく、生きるための思想的根拠となりうる仏教です。もちろんその裏付けとしての学問も必要です。しかし学問で終わっていては仏教とは言えません。

仏教は人間の苦悩の根源を問うものとして成立しました。そしてその苦悩の解決は、現実の人間の上にこそ起こらねばなりません。しかしながらそのことの理解は、それほど簡単ではないようです。多くの「仏教」が、己個人の楽の追及に陥りました。それが、ブッダが説いた楽と正反対のものであるということに気付かないまま、「仏教」であると受け止めてきたのです。少なくとも、自らの仏教を「大乗の至極」と認識した親鸞さんを学ぶのであれば、そのことをまず確認する必要があります。

鎌倉という時代に新たな視点で解釈し直したのが、法然や親鸞の仏教でした。それは現実の人間社会の煩悩的構造を見抜くことであり、己自身がその構造を構成する煩悩的存在の一人であるという深い自覚を持つというものでした。人間の社会的営みの時間的な経過を歴史と呼ぶならば、まさしく歴史的存在としての自分自身の在りようを、仏から問われ続けるものとして念仏はあったのです。

今私たちが本気で取り組まねばならないことは、その親鸞さんたちの念仏を、この私たちの時代状況の中で、しっかりと確認し取り戻すことです。おそらくそのことが、この人間社会を問い返すための、最後の根拠足りえるものではないのかと思うのです。

▼必要に応じて原文から引用します。ただし原文が漢文の場合、書き下し文のみ掲載します。引用元は原則として、本願寺派発行の『浄土真宗聖典　註釈版』を使います。

●「　引用文　」（出典）という形式にします。

▼引用文には意訳文を付けます。意訳はすべて筆者が行いました。場合によっては引用文を省略し、意訳文のみの掲載もあります。

○「　意訳文　」という形式にします。

▼必要に応じて言葉の説明を付けます。次の表記にします。

【　言葉　】よみかた

説明文

▼文中の表記について

・親鸞は「親鸞さん」または「親鸞」とします。他の人物は、歴史上の一般的扱いとして敬称は付けません。また親鸞さんに対しても、とくに敬語は使いません。

・阿弥陀仏は「アミダ仏」に統一します。
・釈迦は「シャカムニブッダ」または「ブッダ」とします。

▼左訓《さくん》について

左訓というのは、親鸞さんが言葉の左側に、その言葉の意味やニュアンスなどをコメントしたものです。親鸞さんの言葉を理解するための大事な手がかりです。

アミダ・プロジェクト　目次

# アミダ・プロジェクト

―人間社会を問い返す最後の根拠―

# 序章　私たちの出発点と課題

## ■負の歴史を見すえる

親鸞という人物の思想や宗教観、人間性等に関心を持つ人は、おそらく何らかの形で本願寺教団（本願寺派および大谷派など）と関係を持っているのではないかと思います。本願寺を通して親鸞さんを知った者は、悲しいことですが、本願寺が持つ誤謬性を自ずと抱え込んでいます。真宗寺院に生まれ育った私は、まさしくその一人でした。その私が自分なりの言葉で親鸞さんを語ろうとした時、まずやらねばならなかったことが、自分の中に入り込んでいた親鸞にあらざる親鸞像、あるいは真宗にあらざる真宗理解、それらを細かに分析解明し、徹底した批判をもってさらけ出すことでした。それが、先に出版した『親鸞さんはなぜ神を拝まなかったのか―日本人のアイデンティティ「神道」を問う―』（永田文昌堂　二〇一一年）でした。

親鸞さんの仏教は、親鸞さん一代で終わってしまったと言っても過言ではありません。とくに本願寺の成立以降は、その根本から別のものになったと言うべきです。普遍宗教としての仏教を回復したがゆえに、この国の民族宗教である神道を明確に相対化することが出来ました。そのことは、当然の帰結として、政治権力による弾圧をこうむりました。

苦悩の衆生に寄り添う。その仏教的立場から一転して、世俗社会の中で自らの存在を確保しようとしたのが本願寺です。ごく自然な展開として、神祇不拝は棄てられ、逆に真俗二諦という理解を持ちました。その路線は、その後変わることはありません。蓮如によって拡大された教団は、下克上の時流に乗って武装化し、諸大名と肩を並べました。石山戦争を最後に、武力社会の中では支配下に置かれました。その後は近代日本の国家神道を受け入れ、軍国主義を下から支え続ける役割を果たしたのです。仏教の名のもとに、浄土真宗の名のもとに、親鸞という名のもとに、大勢の民衆を戦場へ送り出しました。戦争という大きな罪を犯したにもかかわらず、その責任はどれほど果たされたのでしょうか。言葉だけの「慙愧」を繰り返すのみで、自らの根底にある精神性が厳しく問われたとはとても言えません。

今、私たちが改めて親鸞を語ろうとするならば、まずもってこの自らの負の歴史事実を押さえねばなりません。そこが私たちの出発点にならねばならないのです。

## ■親鸞さんの立ち位置

いま明らかにしなければならないのは、本願寺というフィルターを完全に外した、ピュアな親鸞さんです。親鸞さんそのものをしっかりと直視することです。しかし、このフィルターを外すという事自体が、簡単なことではないようです。例えば『教行信証』という書物をこれから取り上げますが、私たちはどのような目でこの書を見ているでしょうか。この書に限らず、親鸞さんの著書に対しては、おびただしい量の学問研究が積み上げられてきました。微に入り細を穿つ分析がされてきました。そのような学問はある意味必要なのかもしれません。しかしながら、結果として戦争教団を作り出してきたのです。本願寺という教団が、念仏を掲げながら「驕れる敵を撃滅せよ！」と叫ぶ姿を、その学問は真宗にあらずと問えなかったのです。本願寺というフィルターを付けたままの学問は、心血注いで書かれた『教行信証』を、戦争の道具にしたのです。そのことの意味を承知しておかなければ、私たちは結局同じことを繰り返すだけです。まっさらの目になることは出来ないのかも知れませんが、少なくとも自分自身の目で、すべての方法論もリセットして、一から確認作業を始める必要があるのではないでしょうか。

従来の微細に入る学問のどこに問題があったのでしょうか。ひと言で言えば、学問する者の目、あるいは立ち位置だろうと思います。親鸞さんの目、立ち位置と違っていたということです。例えば『教行信証』は研究書ではないのです。この本は、私たちをある目的へ導くためのガイドブックです。体裁は確かに難しい研究論文ですから、学問の研究対象としては興味深いものなのでしょう。しかしそのような目で見たならば、おそらく親鸞さんの執筆する目とは違い、執筆への思いも理解できないのではないかと思います。親鸞さんの目にあるのは、つねに苦悩の衆生です。自分と同時代を生きている民衆たちです。自分が向かおうとする方向へ、みんなも誘って連れて行きたい。いえ、みんなと同行することこそ自分に与えられた道であると。そのためのガイドブックです。ガイドブックと言っても、旅行案内のようなハウツーものではありません。なぜその方向が真実なのかを、理論的に解明し、そこへ同朋たちを誘おうとするものです。『教行信証』の場合は、仏教専従者を対象にしたものなのでしょうし、和讃などは直接民衆たちに向けたガイドブックだと言えます。

そこにあるのは、親鸞さんが生きていた時代における人間社会の状況です。仏教の目的が苦悩の衆生を救済することであれば、その苦悩とは現実の人間社会の中のものでしかありません。無明だから、煩悩を持つから苦が生まれる。それでは本の中、机の上での議論にしかなりません。生身の人間は、現実の人間社会の中で生きており、その人間関係、力関係、などなどの条件によってさまざまに苦悩を背負っているわけです。その人間社会を成立させている基盤にある無明煩悩こそが、仏を通して問われてきているのです。

■歴史的主体の創出

現実の人間社会を、この自分という人間が、同時代を生きる者たちと、どう生きていくのか。親鸞さんにとって、アミダ仏に促されながら生きるという問題はそこにありました。アミダ仏の目によって人間社会の状況が問われ、そこに生きている自分という人間が問われてきます。「世をいとふ」という親鸞さんの目は、アミダ仏によって初めて与えられた目です。それは社会を相対化する、自律し自立した人間の目であると言えます。この国の神道社会にあっては、個人の独立は社会から嫌われました。社会に身をゆだね、現実の体制を受容することが社会からの要請であり、民衆もまたそこに精神的安楽を求めたのです。親鸞さんは仏教によって、それを覆していきました。言えば、本来の仏教の回復です。

現実の歴史状況を、仏の目を通して問い返していきました。人間が人間を支配するという、煩悩力による構造を厭い離れることを教えられ、人間と人間が対等に平等に命の関係を築き直す道を与えられたのです。歴史状況のなかに埋没するのではなく、それを相対化し自分の足元を確認し、人間としてのあるべき方向を模索する主体が生み出されていったのです。この国の歴史において、特筆すべき出来事です。そのことを明らかにしていくことが、今の私たちにとっての最大の課題であるのです。

この小本では、第二章で親鸞さんの念仏の理論的な構造をお話し、第三章でそれによって生み出される新しい人間と人間社会を見てみたいと思います。そして第一章では、その前提としての総論を概観します。

# 第一章　人間を相対化する根拠

## 一　仏教という必然

### ■人間の命はなぜ尊いか

以前ネット上で小さな仏教サイトを開いていたことがありました。まだブログというものが始まる前で、自分でソフトを使いながらコツコツと作った記憶があります。そのサイト内に、掲示板と呼んでいた意見交換ページを置いていました。いろんな意見や質問が寄せられたのですが、その中でも印象深く覚えている質問があります。若い常連さんからのものでした。「死刑囚の命は尊いですか？　そもそも人間の命はなぜ尊いのですか？」というものでした。たいがいの質問には即答していたのですが、このときは何日も考え込みました。死刑囚の命云々は何も難しくありません。死刑囚も私も同じ人間ですし、同じ罪を犯す存在です。その罪の大小を国家が評価し、「殺すべき人間」と勝手に決め付けているだけのことですから。しかし、そもそも人間の命はなぜ尊いのか、という問いには窮しました。「お経に書いてある」では答えになりません。

いろいろ考えあぐねた末に、私は頭の中でこんな順番に問題をたどっていきました。まず自分にとって自分自身の命はなぜ尊いのか、ということからです。それはもちろん、自分は死にたくないから大事にするし、人からも大事にしてほしい。大事な命という意味で尊いと思える。では次に他人の命はどうか。自分にとって大事な人の命は尊い。けれども自分の嫌いな人の命は、そうは思えない。そこにあるのは、自分はあくまでも自分という人間に執着し、自分の都合の良いようにしか考えていないということ。簡単に言えば、自分はみんなから大事にされたいけれども、自分が他のみんなを大事にするのは面倒だ、したくない、ということ。そこまで考えると、「そんな都合のいいこと言ったって始まらない」という壁が出てきます。

では自分の命が本当に大事にされるためには、どうしたらよいのか。そこで出てくるのが、ギブ・アンド・テイクです。自分が大事にされたかったら、自分もまた他者を大事にしなければならない。誰もが相互に大事にし合う関係になる。それしかない、と思ったときに気が付いたのが、「十方衆生」や「自他不二」「自他一如」などの仏教の言葉でした。

## ■人類の思考の蓄積

自分の命が大事にされるためには、すべての命が相互に大事にし合う必要がある。すべての命が相互に大事にし合う関係になるとき、初めて自分の命が本当に大事にされることが成立する。気付いてみれば、仏教とはそのことを説いていたのです。

仏教はシャカムニブッダによって人類史上に現れました。しかしそこに至るまでの人類の歴史は、おびただしい考えの蓄積を築いていたに違いありません。ブッダの仏教はそれを踏まえて総括したものと言ってよいと私は思っています。

人間の歴史は二十万年とも五百万年とも言われます。その間の出来事は知る由もありませんが、さまざまな体験を通して、さまざまな思考を繰り返したであろうことは間違いないのだろうと思います。例えば、武器をとって争う状況と、お互いが和みあう平穏な状況と、両方を経験したときに、どちらのほうが楽しさを覚えるのか。また争いはなぜ起こるのか。どうしたら避けられるのか。そんなこととの蓄積もあったのではないでしょうか。そして最終的には、人間はなぜ苦しむのか。人間はどういう関係であるときに、お互いに安心し、お互いに喜びを共有することができるのか、という問いに集約されていったのではないのでしょうか。言ってみれば、そのような人類の考えの蓄積の中から、必然的に求められて生み出されたものが、ブッダの仏教であった。そう考えることは間違いでしょうか。

人間の究極の問いに答えるべくして示された仏教。その仏教がそのまま機能すれば、人間の課題は解決されていくはずでした。しかしながら、現実はそう上手くはいきません。仏教は人間自らの手によって、どんどん壊されてしまいました。仏教を壊したのは誰か。なぜ壊されたのか。そのことの確認はとても大事です。親鸞さんの仏教は、その現実を直視することで生み出されたのです。

■苦の根源

●「智慧の光明はかりなし
有量の諸相ことごとく
光暁かぶらぬものはなし

真実明に帰命せよ

　　　　　　　　　　　　　　　　（『浄土和讃』）

○「アミダ仏の智慧のはたらきは光のようであり、その光は量ることの出来ない大きなものです。すべての人たちはみんな、その光の働きをこうむらない者はありません。真実の智慧の明かりで世の中のすべてを照らし見抜いておられるアミダ仏を、私たちの生きる拠り所としましょう」

人間がこの地球上に現れてから今日まで、争いのなかった時期というのはあったのでしょうか。二十世紀に入ってからの二度の世界大戦を経験しても、そこでの学びを基にして、戦争を起こさない国際秩序を築くことは容易ではないようです。これまで何度も軍縮というテーマが取り上げられながらも、今もってこの地球上にはおびただしい核兵器が存在します。人間の知恵の限界を思い知らされます。

もし自分にとって「楽しい」状態と「苦しい」状態があるとすれば、人間の本能の上から、必ず「楽しい」状態を求めるだろうと思います。問題は何が「楽しい」ことで、そのためには何が必要なのか、ということです。おそらく人間には、その道理、道筋が見えていないのでしょう。その結果、「楽しい」状態を求めているにもかかわらず、実際には争いを起こし傷つけあい、「苦しい」状態に陥っているのです。

その道理、道筋、目的地へ行くまでの道順を明らかに見抜く目が必要です。それを備えた者を仏《ぶつ》と呼び、その目を智慧を呼びました。それはちょうど、普通では見えない暗闇の中を、明々と照らして見通す光のようであるので、この和讃では「智慧の光明」と呼ばれているのです。ちなみに智慧の反対は無明《むみょう》であり、私たち人間の目のことです。親鸞さんは「煩悩の王を無明といふなり」と記しています。

【智慧】ちえ

ものごとの道理（真実）をすべて見通すことのできる目、はたらき。

【無明】むみょう

明かりが無い状態。暗いようす。人間の心の様子をあらわした言葉。暗いということは物事が見えないということ。人間の心（煩悩）は自分に執着しており、自分の都合のよい目でしか物事が見えない。自分にとって都合が良ければ良いと見え、都合が悪ければ悪いと見える。真実が見えないということ。無明の反対はアミダ仏の智慧。

仏教が人間の究極の問いに答えようとしたとき、苦悩の根源として見抜かれてきたもの。それが自己執着心という人間の本能的本性であり、それを我執、煩悩、無明などの言葉で言い表したのです。

自己執着心は、「楽しい」ことも「苦しい」ことも、自分の立場でしか考えません。いやそれ以前に、自分という人間が一人で生きているように思っています。まず仏教は、その辺から問い返してくれます。

縁起。すべてのものごとは縁（条件）によって起きる。AはA単独で起こったり存在しているのではない。Aは、BやCやDやその他すべてのものごとと関係しながら、起こったり存在したりしているのだと。自分という人間も、自分単独で存在しているのではなく、あらゆる命や物と関わりながら生きているのだと。「楽しい」ことも「苦しい」ことも、それを踏まえて考えねばならないと言うのです。私たちの日常の根底にある私の思い。その一つひとつを、苦の根源ではないのかと問い返してくる目。その目を「真実明」と呼び、そこへ帰命せよと親鸞さんは言うのです。

## ■十方衆生という視野

仏教で使われる「十方衆生」という言葉は、とても象徴的です。私たち人間には持ち合わせのない概念です。

【十方衆生】じゅっぽうしゅじょう

十方とは東西南北四方八方に上下を加えたもの。世の中のあらゆる方向を示し、世の中の隅々までという意味合いを持つ。衆生は生きている多くの者たち。世の中のあらゆる命ある者たち。

当然そこには人間以外の生物も含まれます。さらには、地球上以外の生命をも含めた言葉として説かれています。

私たち人間が、その本性として持っているのは自己執着心。仏教語で言えば我執です。私という人間が、あらゆる命、森羅万象と関わりを持つ中で生きている。にもかかわらず、その中で己個人が単独で存在しているかのように錯覚し、そのことに執着している。それが苦の根源であるとして、否定的に問うてくるのが仏教です。言い換えれば、仏教が指し示す道は、それを超えて別の方向へ舵を切れということです。執着を離れる。仏教では「厭離」または「遠離」という言葉が使われます。

たとえば執着の対象が自分という一人の人間であるとすると、そこから離れるということは、自分以外の人間にも広がるということです。「自分のことだけじゃなくて、家族みんなのことを考えなくっちゃ」というようなことになります。ところがそこには、自分の家族への執着もあるのです。「自分の家族だけじゃなくて、地域みんなのことを考えなくっちゃ」と広げれば、今度は地域への執着があります。地域から町、町から市、市から県、県から国へ。執着を離れれば、そこにはさらに大きな規模での執着があるというわけです。

ここで気をつけなければならないのは、大きな規模での執着になればなるほど、それが執着であると気付きにくくなるということです。おおやけ、公共、というような概念がそこに生まれ、プラスの意味で使われます。良い例が、国家執着です。愛国心です。「お国のために」「滅私奉公」などと使われ、とくに戦時中にはそれが最大の美徳として語られました。仏教教団もこぞって同調し、無我や慈悲という概念をそこに重ねて戦争遂行の一翼を担いました。また、戦争に限らず、全体主義に陥り個々人の意思を軽んじる大きな過ちを生みがちです。国家執着は巨大な煩悩です。「国王に向かいて礼拝せず」（『菩薩戒経』）と、親鸞さんは『教行信証』に引用しています。

「自分の国だけじゃなくて、地球全体のことを考えなくっちゃ」。グローバルという言葉が普通に使われるようになりました。文字通り地球全体を一つの共同体とみなし、そこに生きる全人類を対等な仲間と認識できるのであれば、まだ良いかも知れません。しかし現実には、自分個人への執着も、自国への執着も、何も克服されないままこの言葉が使われているのです。自分の執着心を隠すための美辞麗句と言ってよいのかも知れません。「地球はひとつ」「人類は兄弟」などという言葉は空しいだけです。そんなことを思える内実を、私たち人間はまったく持っていないのですから。

さて、国家から全人類へ拡大し、その後は全人類から地球上の全生物にまで広げねばなりません。そして更に地球から全宇宙に広げたときに、使われた言葉が十方衆生であるわけです。つまりは自己執着心の対極にあるものとして、この言葉は用意されたのです。そしてこの十方衆生というとてつもなく大きく広い視野を持った存在を、アミダ仏と名付けたのです。アミダ仏は十方衆生を漏らさず包み込む心を持ち、その十方衆生全体で喜びを共有したいと願う存在だと設定されました。言うまでもなくそれは、人間の自己執着心を相対化するための根拠として説かれたわけです。人間が自らの苦悩の現実を克服するために設定したもの。それが仏教であり、アミダ仏であり、十方衆生救済という願いであると言えます。

「人間の命はなぜ尊いのか?」。この問いに私が窮したのは、それに答えるための根拠が、煩悩まみれの私の中にはなかったということだったのです。私の中にある「あらゆる命は無条件で尊い」という命題は、丸ごと仏教から与えられたものでした。ですから、もしこの問いに確かな答えがあるとすれば、「お経に書いてある」ということになるのかも知れません。そして「お経にはどのように書かれているのですか?」と重ねて問われた時に、その返答として読んでいただけるものを、今回この小本で書くことができればと思うことです。

## 二　自力仏教の限界

### ■仏教の持つ自己矛盾

人間を相対化するための根拠として生まれた仏教でしたが、そこには残念ながら根本的な自己矛盾がありました。

自分個人のことで考えてみましょう。自分を相対化するということは、自分自身を自分自身が「相手」として見るということです。分析して批判する対象として自分を見るということになります。自分が自分自身をどこまで対象化できるのか。これはとても難しいことと言わねばなりません。なぜならば人間の本性は、反対に自己絶対化であるからです。自分を絶対化するということは、自分自身を自分自身が「自分」として認識することであり、これは普通に日常的に行っていることです。そして当然のこととして、そこには自己正当化があります。「自分は間違っていない」「自分は精一杯やった」「相手が先に手を出した」「あの時はやむをえなかった」「差別するつもりはなかった」「少なくともあの人よりはまし」などなど。本来本能的に自分を絶対化している人間が、自分自身を相対化するための根拠を用意しようということです。それは極めて困難なことであり、下手すれば、相対化しているつもりで、その内実は絶対化のまま、ということになりかねないということです。つまりそこには、自己正当化が入り込む可能性が甚だ大きいということです。

仏教というものを、人間が自らの必要性の上から創造したものであるとするならば、この自己矛盾がどうしてもそこに入り込みます。親鸞さんはそのことを、「行者のはからひ」として指摘し、その克服を追求したのです。

おそらく次のように言われる人も大勢おられると思います。仏教というものは、決して人間が自分の都合で創り出したものではないのだと。人間のことを案じた「仏」が創造したものであると。確かに経典にもそのように説かれていますし、従来仏教とはそういうものとして語られてきました。ところが、その実態はどうだったのでしょうか。親鸞さんの目には、それはすでに仏教にあらざる「仏教」として映ったのです。「仏」から与えられた教えであるとしながらも、その「仏」を自分の知覚判断（はからひ）において認識しているのです。そこにあるのは自己絶対化であって、そこから自分自身が相対化され問われるということは起こりようがなかったのです。

## ■自力仏教の限界

●「自力と申すことは、行者のおのおの縁にしたがひて余の仏号を称念し、余の善根を修行してわが身をたのみ、わがはからひのこころをもつて身口意のみだれごころをつくろひ、めでたうしなして浄土へ往生せんとおもふを自力と申すなり」（親鸞消息）

○「自力ということは、行者がそれぞれ自分の考えによって念仏以外の仏の名を称え、念仏以外の善根を修行して、自分を頼りにし、自分の心で考え判断しながら、自分の行動の乱れを修正し、良い状態を作り出して、それによって浄土へ往生しようと思うことです」

仏教には自力と他力という二つの道があります。人間が仏に成るための道です。人間が真実と出会い、十方衆生共有の楽を求め、人間としてのあるべき営みを求めていく道です。

自力の自は自分であり、力は頼りになるもの、または働きです。自分自身の考えや判断を頼りにしながら、自分自身の行動（実践）によって仏になろうとする道です。ブッダが提唱し実践した仏教はまさしくそれでした。強靭な精神力を培い、それによって自分自身をしっかりコントロールする。人間の本能的本性としての自己執着心をも、自らの意思によって厳しく制御できる身になる。人間のあるべき理想像として説かれました。

そのような仏教が、ブッダ以降も継続して成り立っていれば、何も問題はありません。しかし現実は違いました。一つには、仏教の理解に変化がありました。十方衆生共有の楽を求めるものであった仏教を、自分個人の人間的完成を求めるものと受け止める理解が生れました。親鸞さんは「浄土真宗は大乗の中の至極なり」と言いました。その大乗にあらざる仏教理解が起こったということです。二つには、人間の質が変わりました。自分自身を厳しく制御しながら、十方衆生の楽を求めることが困難になったのです。仏教には「正像末三時」のような時代変遷観がありますが、やはり現実的にも、ブッダ以降次第に本来の仏教は成立しなくなりました。

【正像末三時】しょうぞうまつさんじ
仏教で説かれる時代区分のひとつ。

・正法＝ブッダ亡き後の一千年→教えも行も証（悟り）も生きて残っている時代。
・像法＝正法のあとの一千年→教えと形だけの行は残るが、証は成り立たない時代。
・末法＝像法のあとの一万年→教えだけは残るが、行すらも成り立たない時代。
（年数については諸説あり）
ちなみに末法の後の時代を法滅という。教えすら残っていない時代。

法然親鸞たち専修念仏の主張は、すでに末法の時代であって自力仏教が成立する状況ではないということでした。それに対して従来の仏教界からはクレームが付けられたわけです。

親鸞さんは自力仏教を完全に否定していきます。そこにはとても強い意志が見られます。自力仏教を否定するところにこそ自分の拠って立つ仏教はある、という主張のようです。その思いの裏にあるのが、自分の比叡山での二十年におよぶ努力と挫折であることは言うまでもありません。

さてこの手紙で親鸞さんは、自力仏教について、自分の考え判断を頼りにして、仏に成る道を求めようとするものであると言っています。それは先ほどの、仏教の持つ自己矛盾のことです。ブッダの実践のように、自己を完全な制御下に置けない人間にとっては、自分への執着を通して、自分への執着を離そうとしていることになります。
たとえば書道を習おうとするときに、手本というものを横におきます。手本というのは、間違いのないものでなければ意味がありません。自分の書いた字と手本とを見比べることで、自分の字の間違いや欠点を見つけようとします。手本によって自分の字を相対化しているということです。もしも手本を持たずに、あるいは自分自身で手本を作り、自分の書いた字を自分がながめ、自分が間違いや欠点を探し、自分がそれを良い方向へ修正し、自分がこれで良しと判断するとするならばどうでしょうか。

この手紙の文面は、そのことの意味のなさを指摘しているのです。親鸞さんにとって自力仏教を克服するという問題は、とても大きな意味を持っています。親鸞さんの仏教から見れば、自力仏教にとどまるということは、非仏教であり反仏教であるということです。その理由は、自己執着心を問える基盤が成立していないということであり、それゆえに十方衆生利益という仏教の本質を見失っているということであるからです。自力仏教は、方便として、仏教の入り口として用意されたものであると同時に、そこにある仏教の自己矛盾を克服させるための段階としてのみあるわけです。

## ■新しい仏教の模索

親鸞さんは九歳のときに出家得度し、比叡山延暦寺に入ります。横川の常行堂で修行僧を勤めていました。常行堂とは、アミダ仏の坐像を中心にして、その周囲を念仏を称えながら歩き続ける念仏三昧行を勤める修行堂です。その行を通して、一歩ずつでも仏の世界に近づこうとする仏教、先ほどの自力仏教です。そこで親鸞さんは完全に挫折します。この比叡山での挫折は、重要な意味を持ちます。私たちが親鸞さんを理解しようとするならば、その意味を深く問わねばなりません。比叡山には大勢の僧がいました。そのほとんどの僧は、そこでの仏教に疑問を抱かず山を下りようとはしませんでした。親鸞さんは何が不満だったのでしょうか。他の僧たちとは何が違ったのでしょうか。なぜ二十年におよぶ努力を、断ち切ろうとまで考えたのでしょうか。

もちろん比叡山の現実が、世俗と何も変わらない様相であったということもあるのでしょう。しかし、親鸞さんの決断の根底にあったのは、もっと大きな、仏教の本質についての疑問であったと私には思えます。親鸞さんは修行僧でしたけれども、経論釈への学問に精通していたことはよく知られています。おそらくその学びを通して、仏教の本質に出会っていたのではないでしょうか。我執を離れ道理を見通した仏という存在。その仏が見抜いた人間の苦悩の現実。克服の道程。そこで説かれる真実が、十方衆生利益ということであるということ。それを思うときに、比叡山の仏教にそれを求めることは不可能であると思わざるを得なかったのだろうと思います。

## 三　浄土の機縁

### ■法然との出会い

娘覚信から親鸞さん死亡の連絡を受け取った恵信が、その返信の中で昔のことを回想して書いています。比叡山を出て六角堂に百日籠ったこと。そこで聖徳太子の言葉を聞いたこと。法然の元へ出向き、そこへまた百日間参上して「生死出づべき道」を聴いたこと。

「生死」とは命を持って生きることの迷いの姿、苦悩の現実です。自己執着を持ちながら生きることは、縁起し合う他の存在と必ず対立関係を生み、苦悩を作り出します。そこから解放される道が「生死出づべき道」であり、仏になる道です。それを法然から聴いたというのです。

そして次のように書いています。

●「『上人のわたらせたまはんところには、人はいかにも申せ、たとひ悪道にわたらせたまふべしと申すとも、世々生々にも迷ひければこそありけめとまで思ひまゐらする身なれば』と、やうやうに人の申し候ひしときも仰せ候ひしなり」（恵信消息）

○「『法然上人のお渡りになる所へは、人がどのように言おうが、たとえ悪道に渡ることになるだろうと言われても、これまで生まれ変わりしながら迷ってきたからこそそれも当然だとさえ思える身であるので』と、さまざまに人から言われたときも言っておられました」

『歎異抄』に残された「地獄は一定すみか」と重なる言葉です。法然に出会ったのは二十九歳。二十九歳の人間にとって、それまでの二十年間は、自分の人生のほとんどすべてと言ってよい時間だろうと思います。そのすべてをかけて、人一倍真面目に修行と学問に打ち込みながら、満足のいく結果が欠片も得られなかったという現実。それを通して「世々生々にも迷ひ」、今もなお迷い続けている自分を思い知らされていたのだろうと思います。どん底を見た親鸞さんにとって、法然の教えは、すべてを投げ棄てて飛び込むのに十分な光と見えたに違いありません。

●「　本師源空世にいでて
　　弘願の一乗ひろめつつ
　　日本一州ことごとく
　　浄土の機縁あらはれぬ　　」（『高僧和讃』）

○「私にとっての一番の師である源空がこの世に出て来てくださって、アミダ仏の本願を説く最高の教えを広め伝えてくださいました。この日本の国中全部に、浄土往生のための大きなご縁が現れたのです」

法然と親鸞さんとは四十年という歳の差があります。親鸞さんが山へ上がった時、法然はすでに山から下りていました。法然は優れた僧として山では知られており、親鸞さんが知らないはずはありません。山での仏教に行き詰っていた親鸞さんの脳裏に、法然のことが浮かんでいたことは容易に想像できます。

法然の説く専修念仏の教えは、親鸞さんが抱えていた仏教に対する疑問、自力仏教の内包する自己矛盾を、明確に晴らすものとしてあったようです。驚きだっただろうと思います。今まで長い間向き合ってきたアミダ仏が、まったく別のものとして示されたのですから。いえ、もしかしたら親鸞さんはうすうす気付いていたのかもしれません。先人たちの論や釈を学ぶ中から、アミダ仏という存在が、今まで理解してきたものとはまったく違うのではないのかということを。それが法然によって見事に裏付けられていった、ということかも知れません。

この和讃で「本師源空」と呼んでいます。法然房源空の呼び方ですが、親鸞さんは和讃でも『教行信証』でも「源空」と呼んでいます。手紙の中では「大師聖人」や「故聖人」「聖人」のほかに、三ヶ所で「法然聖人」と呼んでいます。法然は房号（僧の住まいの名）であり、源空が僧としての正式な名前です。尊ぶべき人のことを呼ぶときに、直接名前で呼ばずに、房号で呼ぶことがあったようです。親鸞さんの使い分けは、自分が書物などに記すときは「源空」や「源空聖人」「空聖人」「聖人」「空」などで、他人に対しての言葉では「法然聖人」または単に「聖人」としているようです。ちなみに手紙のなかで「源空」という呼び方は一つもありません。また『歎異抄』には「法然」として書かれています。これは親鸞さんが『歎異抄』の著者に対して語っている言葉であるからです。源空という呼び名には、世間的一般的な意味合いではなく、自分の全人生、あるいは全生命をかけた、掛け替えのない特別な存在という強い意味が込められているようです。

その源空に親鸞さんは「本師」の語を冠しています。これは『教行信証』でも使われています。本師とは、根本の導師という言葉で、仏教ではシャカムニブッダを指すことが多いようです。ここでは親鸞さんが、自分自身にとっての一番大事な師という意味で使っています。従来の仏教を「雑行」として捨てさせるに十分な出会いでした。さらにそのことは、本来の仏教とは何であったのか、それがこの国においてはなぜこうなってしまったのか、どうすれば回復できるのか、親鸞さんの中でもやもやしていたものが、一気に見通せるほどの驚くべき出来事をもたらしたのです。まさに掛け替えのない導師であったのです。

## ■浄土の機縁

「日本一州ことごとく　浄土の機縁あらはれぬ」。浄土というアミダ仏の国土を説く仏教は、もちろんそれ以前からありました。しかし、自力仏教の持つ問題性を克服した上で、新たな仏教として浄土往生が説かれたのは、まさしく法然によってでした。それはブッダの仏教が、はるかな時空を超えて、この国の鎌倉時代に再生したと言ってもよい出来事でした。親鸞さんはそれを、喜びをもって叫ばずにはおれなかったのでしょう。

人間の苦悩を解決する道として提唱された仏教でしたが、それが人間の手から手へ伝えられる間に、黒く汚れが蓄積されるのは必然でした。黒く汚れた手が己の本性である限り、その汚れを対象化し、否定的に眺めることは容易なことではありません。その結果、仏教そのものを黒く汚しながら、その中で自己満足にふけっていたのが、当時の日本仏教の状況でした。

法然が提唱し、親鸞さんが驚きを持って飛び込んだ新しい仏教は、専修念仏と呼ばれました。それまでの比叡山などでの自力念仏とは明確に異なるものでした。詳しくは次の章でお話したいと思いますが、行の概念を根本から覆したまったく別の仏教でした。人間の意志を、すでに自己制御の利かない「愚かさ」であると認識したものでした。それゆえに、人間の意志が拠り所になることはありえず、まったく別の拠り所を掲げることによって、反対に人間の意志を問い返そうとするものでした。その拠り所こそアミダ仏だったのです。

アミダ仏の意思によって、私たち人間が浄土の真実へ導かれる。そこに初めて、十方衆生利益という浄土の真実は成立したのです。ブッダによって示された人間を相対化する根拠が、ここに新たな形をもってよみがえったのです。

## 四　民族宗教を超える立ち位置

### ■民族宗教としての神祇信仰

シャカムニブッダの創唱による仏教のように、特定の人物の宗教的覚醒によって始まる宗教がある一方、特定の民族の生産的営みの中から、自然発生的に始まる宗教があります。前者が人間の根源的な苦悩の解決を求めたのに対し、後者は本能的生命の存続を求めて発生したものでした。前者を創唱宗教、普遍宗教、世界宗教と呼ぶのに対し、後者は民族宗教と呼ばれています。

この国においては、弥生時代に大陸から稲作が伝えられ、それ以降は農耕社会として発展しました。農耕には自然環境が大きく影響し、収穫の有る無しは直接生命の存続にかかわることになります。人々は自然を支配するであろう存在を「神」として畏れ崇め、生産の確保を祈りました。この国における民族宗教の始まりです。神との交信を行う司祭者が現れ、その言葉を自分たちの生活の指針にし、集落の運営が行われるようになります。司祭者は次第に集落のリーダーとなり、宗教的権威が政治的権力を伴った祭政一致という体制が生まれました。この民族宗教としての神祇信仰と、それに伴う祭政一致という政治体制が、この国の精神性として定着することになります。

■神祇と習合した日本仏教

この国に仏教が伝えられたのは六世紀のことでした。当時この国にあった宗教は神祇信仰であり、朝鮮半島からもたらされた仏教も、当然それと同類のものとして扱われました。仏という概念などはなく、「蕃神」や「今来神《いまきのかみ》」などと呼ばれました。神祇信仰の上から他国の神を拝むことを拒否した物部や中臣に対して、蘇我はそれを受け容れました。しかしそれがブッダの仏教とはまるで異質であったことは、言うまでもありません。『日本書紀』敏達天皇十三年に次のような記録があります。

◯「……播磨の国に還俗した僧を見つけた。高麗の恵便という名であった。馬子はこの者を師として司馬達等の娘である嶋を得度させた。年齢十一歳。またその弟子として二人を得度させた。善信尼と名のった。一人は漢人夜菩の娘、豊女。禅蔵尼と名のった。もう一人は錦織壺の娘、石女。恵善尼と名のった。……この時に達等は、仏舎利を用意して馬子に献上した。馬子は試しに舎利を鉄器に入れ鉄槌で打った。器と槌は砕けたけれども、舎利は壊れなかった。また舎利を水に入れた。舎利は、心の思いに従って、水に浮いたり沈んだりした。これを見て、馬子、氷田、達等は仏法を深く信じ、修行を怠らなかった。馬子はまた石川の家でも仏殿を造った。仏法の始まりはここから起こった」（『日本書紀』）

若い女性を出家させたのは、神祇信仰と同列の扱いだったことを意味します。また呪術的意味合いにおいて「仏」の効力を信じたことも同じです。この国における仏教のスタートラインは神祇としての仏であったのです。

天皇を中心にした律令政治が始まると、神祇信仰はその政治思想の支柱に据えられました。神祇関係を管轄する神祇官は、国家機構の最上位である太政官のさらに上位に独立したものとして置かれました。そんな中で仏教は、神祇信仰と同質のものとして、何の矛盾もなく並存していくことになります。

奈良時代には平城京に、南都六宗と呼ばれた仏教がありました。『僧尼令』が定められ、寺院内での学問探求が求められ、外へ出て民衆に布教するなどの活動は禁じられました。国家から庇護を受け、国家鎮護を祈祷する役割を担う存在で、国家仏教と言うべきものでした。一部には道昭や行基など、民間に出向いて井戸を掘ったり橋を架けたりする僧もいました。しかしそれとて、国家仏教の枠を出たものではありません。行基は大仏建立に対しての勧進の功績により、大僧正に任じられています。また道鏡のように国家の中枢にまで入り込み、権力を手中にしようとする僧も現れました。

その奈良仏教から脱却しようとしたのが平安仏教です。都市から山中へ移り、最澄や空海によって新たな仏教が開かれました。しかし両者もまた国家との関係の中で存在し、当然のこととして神祇と共存するものでしかありませんでした。国中が神祇信仰で塗りつぶされていた中では、仏教界も例外ではなかったのです。

## ■神祇信仰の相対化

このような社会状況の中で、法然の専修念仏が現れ、親鸞さんがそれと出会います。このことは、この国の歴史の上で、極めて大きな出来事であると言えます。単に宗教界においての事にとどまらず、日本人の精神史、思想史、あるいは政治史的にも、特筆すべき事柄であると思います。この国のアイデンティティとも言うべき神祇信仰、祭政一致体制が、根元から問い返される出来事であったわけです。

民族宗教と普遍宗教は、かたや人間の欲望を追求するものであり、かたや人間の愚かさを問うて普遍的喜びを見つけようとするものです。当然それは相入れないものです。両者がぶつかる時、二通りの様相を現しました。一つは、習合《しゅうごう》です。溶け合うことです。この国の場合は、仏教がその内実を崩して神道に溶け込みました。もう一つは、対峙です。一線を引くことです。法然親鸞の専修念仏は、神祇を拝まないという明確な線を引き対峙しました。

そのことが奈良平安の仏教界から猛烈な批判を受けたのは当然のことでした。朝廷と組んで専修念仏を徹底して弾圧しました。そのことについては、前出の本に詳しく書きました。

自然発生した民族宗教を、その民族自身が相対化できるとすれば、それはまったく異質な普遍宗教との出会い以外にはありません。この国の神祇信仰を相対化できたのは、本来の仏教でした。本来の仏教に立つことで、この国の神祇信仰は、初めて問い返される契機を得たのです。人間の苦悩の根源はどこにあるのか。人間にとっての真実の喜びとは何なのか。万人が共有する楽とはどのようなものであるのか。そこに拠り所を置こうとする時に初めて、神祇信仰が抱える呪術性、自己執着性、権力性、差別性が見えてきたのです。

そしてこの神祇信仰こそ、古代以来この国の精神性の基盤であり、今日に至るまで貫かているものに他なりません。特に近代においては国家神道として再構成され、それによって悲惨な戦争の時代を生み出しました。現在においても神道は日本人のアイデンティティとして定着し、生活の隅々に至るまで浸透し、すでにそれは意識にすら上らない見えない精神性として存在しています。神道は今も政治思想の中心に置かれ、天皇を掲げ続け、個々人の尊厳と自立平等の大きな妨げになっています。

そのことを思うとき、法然親鸞の残した念仏、ブッダの示した仏教が、今日のこの国において再確認されることの意味の大きさを思わずにはおれません。逆に言えば、本来の仏教がこの国に展開しようとする時の、最大の問題、ネックになるのがこの神道（神祇信仰）であると言うことです。この問題がクリアされない限り、この国において人間社会が根底から問い返されることはありえません。

# 第二章　アミダ・プロジェクト

## 一　なぜ「アミダ・プロジェクト」なのか

### ■プロジェクトという扱い

まず初めに言っておかねばなりません。この「アミダ・プロジェクト」という言葉に違和感を覚え、抵抗を感じる人が大勢おられると思います。実は私自身、今もなお抵抗感がります。プロジェクトという言葉があまりにもポピュラーであり、ずいぶん手垢の付いたものであるからです。人間の小さな営みを表す世俗の言葉を、アミダ仏の働きに重ねるというのは、アミダ仏に対して失礼千万に違いありません。そのことを十分承知の上で、あえて今回はこの言葉を使いたいと思います。理由は、二つあります。

顰蹙を買うことを承知の上で、次のように言いたいと思います。一つには、アミダ仏を経典の中から引っ張り出したいためです。世間の日常生活、泥沼の現実の中で向き合いたいと思うからです。アミダ仏に限らず、仏教そのものが現実社会から離れているのが実情です。仏教は本の中のものであったり、寺院や仏壇の中のものであったり、儀式の中のものであったり、あるいは観念の戯れの中のものであったり。それはまったく仏教ではないものです。人間の都合で使われる道具であり、あるいは玩具です。

仏教はそのようなものではありません。仏教は私たちの命に、現に働いているものです。私の命をとりまくさまざまな社会状況の一こまひとこまに、常に休まずに関わり続けてくるものです。私がアミダ仏と触れあう時と場所は、今現在のここでしかありません。

アミダ仏をそのような存在として再認識するための試みとして、あえて世俗語のプロジェクトという言葉を使ってみたいと思うのです。

もう一つは、既存感を表すためです。

もし新聞やネット上で、「先日、ついに○○プロジェクトが始まりました！」という記事を目にしたならば、私たちはどんな感じを持つでしょうか。「へえ〜どんな事やるのかな？どんな人がやっているんだろう？」と思いませんか。そこには、〇〇プロジェクトというものが、自分の知らないところで既に存在して、すでに実際に動き始めているんだ、という認識があるのではないでしょうか。興味を持つ持たないは別として、既存感をもって、ある企画の存在を認識する。そのような目で、アミダ仏の働きを見ていただければ、という思いです。

これまで仏教というものの存在、あるいは仏という存在は、どのように受け止められていたでしょうか。「信じている者にとっては仏はあるんだろうけど、信じていない自分には仏などいない」。おそらくそんな感じではないでしょうか。「信じる」ということが大事な要素だと思われているようです。先の〇〇プロジェクトの場合は、「信じる」かどうかは問題になりません。そんなことは関係なしに、その存在を認めているのです。アミダ仏に対しても、そんな目を持っていただければと思うのです。実際、親鸞さんにとっては「信じる」ことは問題ではないのです。そのような働きがすでにあったということを「知る」＝「うなずく」ことが問題になるのです。自分の知らない間に、アミダ・プロジェクトという大きな計画が動いていて、実はそれがすでに自分にも関わってきていたんだ。いったいどんな計画なんだろう。何を目的にしているのだろう。そんなふうに耳を傾けていただければと思うのです。

そんなことを思いながら、この言葉を使いたいと思います。

## ■計画的事業

たとえば世間の話として、あるプロジェクトを立ち上げようとする場合、どんなプロセスをたどるのでしょうか。おそらくまず言い出しっぺがいると思います。「こんなことをやりたい」という思いを持った人です。「こんなこと」が事業内容であり、その裏には「なぜやりたいのか」という理由、あるいは「こういうために」という目的があるはずです。自分の中でそれが芽生え、構想がふくらんでいくと、さて「どうやって」という手段が問題になってきます。そして一人では無理だと分かって仲間を作ります。仲間と相談しながら、事業内容、目的、手段を煮詰めていきます。その中では、失敗したらどうするとか、責任者は誰だとか、経費はどうするとか、ターゲットはどこだとか、広告はどうするとか、さまざまな点が協議されるはずです。つまり、プロジェクトというのは、計画的に立案され、具体的に実行されていく事業だと言えます。

アミダ仏による十方衆生救済事業は、まさしくそうであると私には思えるのです。いえ、私などには到底分かるはずのないことでありますから、そうであろうと想像するだけなのですけれども。親鸞さんの記すところによれば、それは限りなく時空を超えた壮大な計画であり、かつ繊細で緻密なプロセスを構成したもののようです。

■ガイドブック『教行信証』

『顕浄土真実教行証文類』。略して『教行信証』と呼ばれている書物があります。親鸞さんが書いた本の中で一番大きなものです。その冒頭に、親鸞さんが掲げた目次があります。そこには次のようにあります。

●「大無量寿経　真実之教　浄土真宗
顕真実教一
顕真実行二
顕真実信三
顕真実証四
顕真仏土五
顕化身土六」（『教行信証』）

『大無量寿経』とは『仏説無量寿経』のことです。サンスクリットでは『仏説阿弥陀経』と同じになるので、大経・小経と言い分けています。『仏説無量寿経』が真実の教であり、浄土への道を顕かにした真の教え（宗）であると最初に書いています。そして第一巻から第六巻までの表題を並べています。一では真実の教を顕かにし、二では真実の行を顕かにし、三では真実の信を顕かにし、四では真実の証を顕かにし、五では真実の仏土を顕かにし、六では方便の仏土を顕かにすると記しています。

法然親鸞の念仏が、当時の政治権力から激しい弾圧をこうむったことは、親鸞さんにとって真実の教えを考える上でのとりわけ大きな転機であったようです。当たり前の話ですが、真実の教えがそのまま人間社会に受け入れられ、自然に広がるようであるならば、そもそも真実の教えなど存在しなくてもよいわけです。現実の社会がそうではないがゆえに、真実の教えは必要になったのであり、そうであるがゆえに、それは必然的に弾圧をこうむることになるわけです。ブッダの仏教がなぜ説かれたのか。それが今この国においてどういう状況になっているのか。現実に弾圧を受け、仲間が死罪流罪に処せられ、グループが解散させられた。おそらくそのことは、親鸞さんにとってはいやがうえにも立ち上がらざるを得ない強いバネになったのだろうと思います。

六の化身土文類末において、最大の弾圧事件であった承元の法難について詳述しています。上皇天皇を名指しして、強い口調で批判しています。化身土文類はそのために書かれたものと言えますし、『教行信証』全体が、朝廷と並んで念仏弾圧を引き起こし、この国の精神性を支え続ける仏教にあらざる「仏教」に対する強烈な批判として書かれているのです。

そのことは裏返せば、今この国に生きている者たちが、何を根拠にすべきなのか。何を根拠にしてはならないのか。どういう方向へ舵を切っていかねばならないのかを、顕かに示したいということであったのです。この国の仏教が、仏教本来の目的を取り戻したものになってほしいという願いでした。自分が出会った真実、アミダ・プロジェクトへ誘うために書かれたという意味でのガイドブック、啓蒙書であるのです。

## ■和讃、人々のために

親鸞さんの仏教において、常に意識されているのが苦悩の衆生であるということを、先にも書きました。民衆との直接的な関係は、流罪以降とくに関東において本格的に行われたようです。二十年ほどにおよぶ関東での伝道活動は、大きな成果をあげました。関東各地で大勢の民衆との関係が生まれたようですし、リーダーも育ちました。関東の民衆たちとは、帰京後も経済的支援を受けるなどの関係が続きます。

旧仏教界が朝廷や幕府へ向いていたのとは対照的に、親鸞さんの仏教の現場は民衆たちの現実生活であったのです。現実生活の苦悩こそ、仏教の存在理由そのものであったからです。

ブッダから始まった仏教は、サンスクリットで残され、中国で漢訳されました。日本に伝えられた後も、漢訳の経典で読まれていました。ですから、仏教を勉強しようと思う人は、必然的に漢文が読める必要がありました。そうなりますと、そのような環境が与えられた貴族や武士などに限られ、一般の民衆には縁のないものであったのです。

そんな中で、日本の言葉を使って仏教を広めようとしたのが和讃でした。和語による讃歌です。七五調のなじみやすい言葉で作られ、旋律を付けて読まれることもあったようです。まだ文字を使う人が少ない時代のことです。読み書きをしない人々の中へも、口でとなえ耳で聞くという方法で伝えられていくことを考えてのことであったのでしょう。

親鸞さんもたくさんの和讃を書きました。『教行信証』が僧たちを対象に書かれたものであるのに対し、和讃は民衆たちのために書かれた体系的な理論書です。師と仰いだ法然は、万人に開かれた仏教を提唱していました。親鸞さんもさまざまな人々に広まっていくことを願いながら、多くの和讃を書き続けたのだろうと思います。とくに『浄土和讃』『高僧和讃』『正像末和讃』の三冊が、『三帖和讃』として知られています。親鸞さんが七十歳代から八十歳代のころに書かれたものです。

それらの和讃を読んでいきますと、自分が出会った念仏という教えを、何とかして人に伝えたいという熱い思いがひしひしと伝わってきます。書かれた内容は、『教行信証』などと同様に、経典や七高僧たちの言葉が基礎になっています。決して易しい内容ではないのですが、少しでも噛み砕いて分かりやすくという配慮が感じられます。「和讃」という言葉を「やわらげほめ」と書いている通りです。また多くの左訓が付けられていることも重要です。言葉に込められた思いなどを、具体的に知るための大事な手がかりとなります。『教行信証』同様、私たちを真実の教えに誘うための大切な道しるべであり、ガイドブックです。

■経典というフィクション

アミダ・プロジェクトについて記された基本的テキストが、『仏説無量寿経』です。これからこの経典に触れながら話を進めていきます。経典は周知のとおり、シャカムニブッダの死後、教えを聞いた者たちによって編集されたものです。ですからその内容は、ブッダが語った事柄ということになります。

お経に書いてあることは作り話だろう、という声があります。もとよりブッダによって語られた物語です。ただ、作り話やフィクションであるから意味がないとかつまらないというのは、あまりにも短絡的です。物事の真実を語るために、文学作品が書かれたり映画が作られたりします。反対に言えば、ノンフィクションは事実を伝えているのかというと、そうとは限りません。

先の章で、仏教とは、人間が人間の苦悩の解決を求めて必然的に生み出したもの。そう書きました。必要に迫られて、そのような物語を設定した。そう言うことができます。あとのお話の中でさまざまに触れねばならないことですが、親鸞という人は、そうやって設定された仏と、精神の内面において大きく強い絆を築いていくわけです。物語として設定されたもの（者、機能）が、親鸞さんの内面に入り込み、その現実的思考、その社会的行動のあらゆる状況に対して働きかけ、それらの拠るべき根拠として居座るのです。その時、フィクションはすでにフィクションではなくなり、人格として極めて有機的な関係を持つに至るのです。その関係を、親鸞さんは信心と呼んだのです。

私たちが今明らかにしなければならないことは、親鸞さんが残した言葉を読み解きながら、仏教というものをどのように押さえていたのかを確認することです。それは言葉の解釈ではありません。苦悩の衆生と共にこの人間社会を生きていく上において、それがどのように作用し、具体的現実的に何を考えさせ、どのような行動を促したのか、ということです。その一点において、経典という物語、そしてそれについて語られた諸先達の論や釈は、大きな拠り所となるのです。

## ■アミダ仏以前

このプロジェクトの主宰者は、当然アミダ仏であるわけですが、「まずアミダ仏という方がおられて」ではないのです。経典には、そのアミダ仏が誕生する前の話が紹介されています。しかも、アミダ仏以前の物語自体が、このプロジェクトの目的そのものを含んでいるのです。つまり、このプロジェクトのスタートは、アミダ仏よりもはるか昔にさかのぼることになるのです。そしてその長い長い時間を貫いて伝えられ続けた目的を受けて、アミダ仏が登場し、具体的なプロジェクトとしての活動が始まるのです。

そのアミダ仏以前の物語の一番初めについて、シャカムニブッダは阿難の問いにこう答えています。「遠い遠いはるかに遠い昔に、錠光如来が世の中に出てこられて、無量の衆生を教化し、すべてに悟りを取らせた。次に如来があって名を光遠という。その次が月光。次が栴檀香。善山王。須弥天冠。須弥等曜。月色。正念。離垢。無著。龍天。夜光。安明頂。不動地。瑠璃妙華。瑠璃金色。金蔵。焔光。焔根。地動。月像。日音。解脱華。荘厳光明。海覚神通。水光。大香。離塵垢。捨厭意。宝焔。妙頂。勇立。功徳持慧。蔽日月光。日月瑠璃光。無上瑠璃光。最上首。菩提華。月明。日光。華色王。水月光。除痴瞑。度蓋行。浄信。善宿。威神。法慧。鸞音。獅子音。龍音。処世。これらの諸仏はすでに過去のことだ」と。これだけ大勢の仏が次から次へと続いてきたというのです。何のためかと言えば、無量の衆生を導いて悟りを開かせるためだというのです。十方衆生救済が、その当初からの仏たちの目的であったということです。そしてその次に現れた仏が世自在王仏であり、アミダ仏の師になるわけです。

## ■仏誕生の物語

●「時に国王ありき。仏の説法を聞きて、心に悦予を懐く。すなはち無上正真道の意を発す。国を棄て王を損てて、行じて沙門となる。号して法蔵といふ」(『仏説無量寿経』)

○「時に国王がいた。世自在王仏の説法を聞いて心に悦びを懐いた。すぐにこの上ない悟りを開きたいという思いを起こし、国を棄て王の位を捨てて沙門になった。名を法蔵という」

これが後にアミダ仏になる王と世自在王仏との出会いです。仏の説法を聞いて悦びを懐いた、ということが重要です。アミダ仏が成立する話の、最初の動機がここにあります。国を離れて沙門法蔵となり、世自在王仏のもとへ出向き、偈を唱えて法の伝授を願い出ます。偈というのは詩句のことです。この偈の中で法蔵は、自分は仏になりたい、それは何のためなのか、という目的を記しています。ここで、先ほどの世自在王仏の説法の内容と、それを聞いた王の悦びの中身を知ることができます。

●「願はくは、われ仏とならんに、聖法王に斉しく、生死を過度して、解脱せざることなからしめん」（『仏説無量寿経』）

○「願うところは、私が仏になるからには、世自在王仏に等しく、愚かな迷いを乗り越えて、必ず悟りを開きたい」

●「われ誓ふ、仏を得たらんに、あまねくこの願を行じて、一切の恐懼に、ために大安をなさん」（『仏説無量寿経』）

○「私は誓う。仏になったならば、広く世の中にこの願を実践して、一切すべての恐れおののく衆生のために、大いなる安らぎを与えたい」

「一切の恐懼に、ために大安をなさん」。心に恐れや不安、苦しみを抱く一切の衆生たちに、大いなる安らぎを与えたい。世自在王仏の説法に深く共感した事柄がそれであり、その実現こそが、法蔵がどうしても仏に成りたいと願う理由であり目的であるというのです。経典の物語に則って言えば、久遠劫の昔から延々と継続されてきた仏たちの活動。その流れを受けて、今ここで世自在王仏から次の仏になるであろう者へと、その意思が受け継がれようとしている、ということです。

そしてさらに、その実現のためにこの上なく優れた国土を建立し、衆生をそこへ導きたいのだと言います。

●「十方より来生せんもの、心悦清浄にして、すでにわが国に到らば快楽安穏ならん」（『仏説無量寿経』）

○「十方からやって来る者たちは、心の悦びが清浄で、私の国に到ればまことの楽を得て安穏になるだろう」

その国土は、十方からの衆生を迎えるための場所で、そこに到ればすみやかに真実の楽を得て安穏になるのだと言います。これは、先ほどの一切の衆生を大安にするための、具体的な手段として示されたものです。

それらを世自在王仏の前で申し述べて、自分の偽りなき思いを受け止めてほしいと願います。さらに、自分はそのような願いを起こして、その実現のために努力精進すると誓い、たとえそのために自分の身を苦しみの中に置くことになっても、自分の実践を貫き最後まで後悔することはない、とこの偈を結んでいます。

■法蔵の発願と成仏

法蔵からの懇願を聞いた世自在王仏は、あなた自身でそれを求めなさいと告げます。法蔵は、このことはとても広く深い事であり、とても自分の能力の及ぶところではない。どうか、諸仏たちの浄土の姿を説き聞かせてください。私は教えのとおりに修行して、必ず思いを成就いたします、と答えます。その並ならぬ法蔵の思いを受けて世自在王仏は、「たとえば大きな海の水を、一人が升で汲み出すとしても、計り知れない長い時間をかければ、ついには底まで汲み上げて美しい宝を得ることが出来る。人も真剣に努力して道を求め続ければ、誰でも必ず成し遂げることが出来るものだ。かなわない願いはない」と答え、教えを伝えることを承諾します。

仏は法蔵の求めに応じて、二百一十億の諸仏の世界の姿を現し見せます。法蔵はそれをしっかりと見て、五劫という時間をかけて思惟し、劣るところを捨て勝れるところを選び取ります。そして再び仏のもとへ参上して、そのことを報告しました。仏は法蔵にこう告げます。

●「なんぢ、いま説くべし。よろしく知るべし。これ時なり。一切の大衆を発起し悦可せしめよ」（『仏説無量寿経』）

○「法蔵よ、今こそ説きなさい。しっかりと知りなさい。今がその時なのだ。一切すべての衆生たちに真実への心を起こさせて悦びを与えなさい」

今まさしく行動を起こす時が来たのだ、と師の仏にうながされ、法蔵は「お聴きください。私の願う所を詳しく申し述べます」と答えて、四十八通りの願いの言葉を語るのです。

「設我得仏……不取正覚」。「もし私が仏になったならば、……しよう。それが出来ないようなら正覚を取らない」という言葉です。その十八番目に説かれる言葉が、後に法然親鸞が、アミダ仏の願いの中心であると選び取り、人間の究極の拠り所と仰いだものです。

●「たとひわれ仏を得たらんに、十方の衆生、至心信楽して、わが国に生ぜんと欲ひて、乃至十念せん。もし生ぜずは、正覚を取らじ。ただ五逆と誹謗正法とをば除く」(『仏説無量寿経』)

○「もし私が仏になったならば、十方衆生が、心から信楽して、私の国に生まれたいと思い、十回でも念ずるとしよう。その者がもし生まれることが出来ないようなら、私は正覚を取らない。ただし、五逆と誹謗正法の者は除く」

四十八通りの願いの後、さらに続けて偈をもって自分の願いの要約を説きます。

●「　われ無量劫において、大施主となりて、
　あまねくもろもろの貧苦を済はずは、誓ひて正覚を成らじ。
　われ仏道を成るに至りて、名声十方に超えん。

究竟して聞ゆるところなくは、誓ひて正覚を成らじ。
離欲と深正念と、浄慧とをもつて梵行を修して、
無上道を志求して、諸天人の師とならん

」（『仏説無量寿経』）

○「
私は無量の時間において、大いなる施しの主となり、
遍くすべての苦悩する者を救わなかったら、誓って仏にはならない。
私は仏になることができたならば、私の名声を十方に届けたい。
極め尽くして、もし聞こえない所があるようなら、誓って仏にはならない。
欲を離れ、深い正念に至り、清らかな智慧をもってまことの行を修め、
この上ない真実の道を求め、もろもろの天や人の師となろう

」

無量の時間を通して、普遍的衆生救済を行うことが、自分の願いでありそれを誓うと。そしてその手段として、自分の名を聞かせるということを誓っています。聞かせる、あるいは声を届けるということを通して、衆生を導きたいという誓いです。
「離欲と深正念と浄慧」。人間が人間のありさまを直視する時に見えるものは、自分の欲望に振り回される姿であり、自分の思いに執着して問い返すことができず、物事の道理を冷静に分

析理解することができない、という愚かさでしょう。その裏返しの理想像として出てくる言葉がこれです。欲を離れ、深く正しい思いをこらし、曇りのない智慧を備えた存在。仏とはそのようなものとして設定されてくるのです。

『仏説無量寿経』には以上のように、法蔵菩薩の物語が説かれています。そして阿難の「法蔵菩薩はすでに仏になったのですか？　今どこにおられるのですか？」という問いに、シャカムニブッダはこう答えます。「すでに仏になっておられ、現に西方におられる。ここから十万億刹のところだ。その仏の世界を名付けて安楽という」と。また、次のように言います。

●「無量寿仏の威神光明は、最尊第一なり。諸仏の光明、及ぶことあたはざるところなり。……すなはち東方恒沙の仏刹を照らす。南西北方・四維上下もまたまたかくのごとし。……このゆゑに無量寿仏をば、無量光仏・無辺光仏・無碍光仏・無対光仏・焔王光仏・清浄光仏・歓喜光仏・智慧光仏・不断光仏・難思光仏・無称光仏・超日月光仏と号す。それ衆生ありて、この光に遇うものは、三垢消滅し、身意柔軟なり。歓喜踊躍して善心生ず」（『仏説無量寿経』）

○「無量寿仏の勝れた光は、この上ない尊さである。諸仏の光明も、及ぶことができない。……すはわち東方の無数の仏国を照らす。南西北、東北・東南・西南・西北・上下の仏国も同様である。……このゆえに無量寿仏のことを、無量光仏・無辺光仏・無碍光仏・無対光仏・焔王光仏・清浄光仏・歓喜光仏・智慧光仏・不断光仏・難思光仏・無称光仏・超日月光仏とも言う。この光に遇う衆生があれば、三毒の煩悩は消滅し、身も心も柔軟になる。歓喜が躍動して善心を生むのだ」

【無量寿仏】むりょうじゅぶつ

無量寿はサンスクリットでは「アミターユス」。同じく「アミターバ」が無量光。この二つを合わせて「アミタ」と略し、漢訳では「阿弥陀」と表記した。アミダ仏のこと。ちなみに漢訳『仏説無量寿経』には、阿弥陀という表記は一つもない。

法蔵菩薩は願いが成就して仏になり、すでに安楽という名の浄土を建立していると語られています。安楽というネーミングは、先ほどの「一切の恐懼に、ために大安をなさん」という思いが完成した姿を示しています。親鸞さんは安楽浄土という言い方もしています。

続けて、その仏は無量寿仏と呼ばれ、その光の働きは他の諸仏たちが及ばないほどの勝れた威力を持ち、十方の世界の隅々までを照らしていると説きます。そのために、無量寿仏は、無量光仏などの光の仏とも呼ばれるのだと。その光に遇う者があれば、煩悩が消えて心身ともに柔らかになり、喜びをともなう善心を生むと語られています。

この経典の物語は、アミダという名の仏が、はるか昔からの時間の経過を受け、世自在王仏から仏としての働きを引き継いだことが語られています。そのことは、アミダ仏の教えが、人類の歴史を通して紡ぎあげられてきた根源的な願いの結晶として生まれた、ということを示しているのです。

そして、その願いとは何であったのか。仏とは何を目的に、何のために存在しているのか。そのことを明確に示していることがとても重要です。それがアミダ・プロジェクトの根本的テーマである十方衆生利益であるわけです。

## ■真実の教の起点

さて、この『仏説無量寿経』の記述をもって、親鸞さんは自分が拠り所とした新しい仏教の起点としています。『教行信証』教文類の初めに次のように記しています。

●「それ真実の教を顕さば、すなはち『大無量寿経』これなり。この経の大意は、弥陀、誓を超発して、広く法蔵を開きて、凡小を哀れんで選んで功徳の宝を施することを致す」（『教行信証』）

○「真実の教えを顕すならば、それは『仏説無量寿経』です。このお経の大意は、アミダ仏が誓を起こされて、広く世の中へ真実の教えを開き、苦悩多き衆生を哀れんで、その者たちのために選んで功徳の宝（真実へ至る教え）を施そうとされたということです」

比叡山で念仏三昧行を勤めていた親鸞さんにとって、アミダ仏との関係はとても深かったわけですし、『仏説無量寿経』『仏説観無量寿経』『仏説阿弥陀経』を深く学んだであろうことは当然のことです。そしてその学びを通して、仏あるいは仏教というものの概念を、改めて検証していったわけです。それまでの奈良仏教や平安仏教を丸呑みせずに、自分の視線で問い直していったことが、親鸞さんの独自の道を切り開くことになりました。

鎮護国家の道具とされた奈良仏教は言うにおよばず、新たな仏教をと意気込んだ最澄にしても、国家のもとでの仏教からは離れられませんでした。真摯に学びを深めた親鸞さんが、それらの仏教に根源的な疑問を持ったことは当然のことでした。ひと言で言えば、それらの仏教には「苦悩する衆生」の姿が見えないということです。何のための修行であり、何のための学問なのか。仏とは苦悩の衆生を利益する存在ではないのか。仏になるとは、そのような存在に自らが成ろうとすることではないのか。今この国で行われている仏教にはそれが見当たらない。あるのは、自分が学問や行によって世間的地位を確保し、または精神的に楽になること。あるいは国家の政治的支配がスムーズに行われること。それらを求めての祈願だけではないのか。それが果たして仏教と言えるのか。すでにそれは人間のはからいで作り変えた、仏教にあらざる「仏教」ではないのか。それが親鸞さんの中に起こってきた疑問だったのでしょう。

法然との出会いは、アミダ仏との出会い直しでもありました。新しい仏教と出会ってみれば、同じ『仏説無量寿経』の経文が、まるで別の言葉のように活きいきと踊ったのではないでしょうか。『教行信証』を書き起こすにあたって、一片の疑いもなく誇らしげに、この教文類の書き出しの一文を記しているのです。

## 三　行

### ■ひっくり返った行

さて、『仏説無量寿経』に説かれたアミダ仏誕生の物語。そこに込められた人類史を貫く根源的願いを見抜き、これこそ真実の拠り所であると確証した親鸞さんは、次にその具体的なプロセスを説きます。

アミダ仏が建立した浄土に往き、そこで真実の仏に成る。そのための具体的実践を「行」と呼んでいます。親鸞さんの説く行を受け止める時、私たちは自分の頭を一度リセットしておくか、またはよほど柔らかくしておく必要があるかもしれません。従来の仏教の行とは、およそ意味合いが異なるからです。

●「大行とはすなはち無碍光如来の名《みな》を称するなり」(『教行信証』)
○「大行ということは、まさしく無碍光如来のお名前を称えることです」

【無碍光如来】むげこうにょらい
　無碍は、邪魔になるものがない。照らさぬ所はない光の仏で、アミダ仏のこと。

　私たちにとっての行は、大行と呼ぶのだと言います。大という字は、大きなという意味のほかに、もっとも勝れた真実の、という意味を含んでおり、仏の働きを示す言葉です。それまでの常識的な行と区別するために、大行と呼んでいるのです。その大行とは何をすることかと言えば、アミダ仏の名前を称えることだと言うのです。南無阿弥陀仏という念仏です。なんだ、念仏を称える修行なら比叡山でやっていたことと同じじゃないか、と言えます。口に「ナンマンダブ」と称える行為は同じです。しかしそこに含まれる意味合いはずいぶん違います。

●「しかれば名を称するに、よく衆生の一切の無明を破し、よく衆生の一切の志願を満てたまふ。称名はすなはちこれ最勝真妙の正業なり。正業はすなはちこれ念仏なり。

念仏はすなわちこれ南無阿弥陀仏なり。南無阿弥陀仏はすなはちこれ正念なりと、知るべしと」（『教行信証』）

○「ですから名を称えることによって、十分に衆生の一切の無明を破り、衆生の一切の願いを満たしてくださるのです。称名はまさしくもっとも勝れた真実の行いです。真実の行いはまさしく念仏です。念仏はまさしく南無阿弥陀仏です。南無阿弥陀仏はまさしく真実の念ずる心であると、知るべきです」

念仏を称えることによってどうなるのかと言うと、「よく衆生の一切の無明を破し、よく衆生の一切の志願を満てたまふ」と言うのです。人間たちの一切の愚かさの心を破り、人間たちの根源的な願いを満たしてくださる。この言葉の主語は誰でしょうか。アミダ仏です。そして称名は正業であり、正念であると言います。この正業も正念も、仏になるための真の実践として説かれた八正道の中の言葉です。それが南無阿弥陀仏を称えることなのだと言うのです。

これは何を言っているのかといいますと、念仏を称えることによって、アミダ仏が衆生を真実へ導こうとしているのだということです。さらには、念仏を称えるという行為そのものが、人間の行うものではないのだということです。アミダ仏が、人間たちを真実に導くために用意し、それを人間たちに与え、行動させているのだということです。

先に見ました『仏説無量寿経』の「われ無量劫において、大施主となりて、あまねくもろもろの貧苦を済はずは、誓ひて正覚を成らじ。われ仏道を成るに至りて、名声十方に超えん。究竟して聞ゆるところなくは、誓ひて正覚を成らじ」というアミダ仏の原初の誓いが、今ここで私たちに現に働いているのだと、親鸞さんは言うのです。

比叡山での念仏を振り返ってみると、そこにあるのは人間側からアミダ仏に対しての祈願です。人間の祈願は欲望であり、それがここに出てくる人類究極の願いである「衆生の一切の志願」と同じでないことは、先の章でお話したとおりです。仏教の内包する自己矛盾です。この二つの違いは、明確に理解しておかなくてはなりません。その自己矛盾を放置して誤魔化しながら通そうとしたのが、自力仏教でした。あたかも行者自身が「衆生の一切の志願」を願っているかのように勘違いしているのです。親鸞さんはさまざまな先人たちの論を挙げながらこう記します。

●「あきらかに知んぬ、これ凡聖自力の行にあらず。ゆゑに不回向の行と名づくるなり。大小の聖人・重軽の悪人、みな同じく斉しく選択の大宝海に帰して念仏成仏すべし」（『教行信証』）

○「明らかに知ることができました。これは凡夫や聖者の自力の行ではありません。ですから不回向の行と名づけるのです。大乗小乗の聖者も、重い軽い悪人たちも、みな同じく等しく、このアミダ仏によって選び抜かれた真実の教えに帰依し、念仏を称えて成仏すべきです」

【回向】えこう
　自分が積み重ねた善い行いの結果を、自分または他者に回し向けること。ここでは、念仏の行は自分が行う行ではないので、不回向と言うと。

　仏教における行の意味が、大きく変わりました。離すことのできない本能的欲望を抱えた人間が、その中から願いを起こし、その実践としての行を行う。そのことの矛盾に苦悩した親鸞さんが、大勢の先人たちを通しながら出会った新しい仏教でした。人間の行を捨てて、仏の側から与えられた行を勤めさせられる。もっと分かりやすくいえば、仏の行によって動かされていく。そんな仏教です。

■仏に成りたいか

仏に成る話をしていますが、そもそも私たちは仏に成りたいのでしょうか。仏に成るということは、真実を身に備えた者になるということです。真実を身に備えるということは、すべての命ある者をことごとく自分と対等に平等に心に抱き、苦も楽も共有しようということです。先ほどの「衆生の一切の志願」のことです。

何事も、願いもしないことが成就するはずはありません。まず願いを持ち、それを叶えるための行動をとらなければ成就はありえません。いったい私たちに仏に成りたいという願いがあるのでしょうか。この出発点を曖昧にしていたのが自力仏教であったと言えます。

●「

正法の時機とおもへども
底下の凡愚となれる身は
清浄真実のこころなし

発菩提心いかがせん　　」（『正像末和讃』）

○「まことの教えが生きている時代であると思っても、最低の煩悩まみれのこの私には、清浄な真実の心などどこにもない。どうやって菩提心を発すればよいのだろう」

【底下の凡愚】ていげのぼんぐ

左訓に「煩悩悪の人、凡夫を底下といふなり」とある。

【正法】しょうぼう

正像末三時のうちの一つ。ブッダの仏教がそのまま生きている時代。

【発菩提心】ほつぼだいしん

菩提は、仏の悟り。発菩提心は、仏に成って悟りを開きたいと願う心を起こすこと。

『正像末和讃』は親鸞さんが八十歳代になって書かれたと言われます。ブッダの仏教が、そのままでは通用しなくなった時代であると認識し、その時代に生きる自分たちにとっての残された道を示しています。

「発菩提心いかがせん」というのは、比叡山時代の親鸞さん自身の正直な思いだったのでしょう。仏に成りたいなどと、煩悩まみれの自分は思ってもいない。二十年間真面目に修行を積み重ねてきたけれども、それによって自分の心が清浄になるということは何もなかった。そんな人間が仏になる道理はまったくない。専業坊主として勤めていてもこの有り様だ。ではいったい仏に成って救われる者というのはいるのだろうか。そのことに正面から向き合い、そのために苦しんだのだろうと思います。そしてその結果、至るべくして至ったのが、他力仏教という究極の仏教であったのです。

## ■他力というプログラム

●「他力というは如来の本願力なり」（『教行信証』）
○「他力ということは、アミダ仏の本願の働きなのです」

【他力】たりき
　利他力のこと。利他は、他を利益せずにはおれない働き。仏とは自利利他が完成した者。自らが救われ、同時に他を救わずにはおれないという主体。他力の他は、アミダ仏から見た他であり、十方衆生のこと。

利益《りやく》と言う言葉は、仏が衆生に対して恵みを与えることを言いますが、「助ける、救う」という意味で使っています。親鸞さんは『仏説無量寿経』をはじめとして、さまざまな先人たちの解釈を引用し、法蔵菩薩が自利利他を成就してアミダ仏になったことを記しています。自利とは、自分自身が真実に目覚めることですし、利他とは、他の者を真実に目覚めさせることです。そしてそれは表裏一体のものであり、自利がないのに利他はありえないし、利他のない自利もありえないと説いています。

「自他一如」とか「自他不二」という言葉があります。自と他は一つであるという言葉です。これは仏の智慧から見抜かれた真実です。仏の境地です。ですから自らが救われるということ（自利）が、そのまま他者を救う（利他）ということになります。自覚覚他も同じです。

例えば五人グループで旅行に行ったとしましょう。旅館で枕を並べて、「明日の朝は六時に起きないとバスに間に合わないからね」と確認して寝ました。翌朝自分が目覚めてみると、時計はすでに六時三〇分でした。周りを見ると仲間はまだ皆寝ています。こんな時どうしますか。仲間を起こしませんか。なぜ起こすのでしょう。今日も一緒に旅を続けようと思うからです。もしここで、自分一人だけで行ってしまおうと思うならば、起こす必要はありません。仏の誓いは「もし一緒に行けない者が一人でもあるのなら、私は旅行などしない」というものです。

もう一度、『仏説無量寿経』に記された法蔵の願いの十八番目を見てみましょう。

●「たとひわれ仏を得たらんに、十方の衆生、至心信楽して、わが国に生ぜんと欲ひて、乃至十念せん。もし生ぜずは、正覚を取らじ。ただ五逆と誹謗正法とをば除く」（『仏説無量寿経』）

○「もし私が仏になったならば、十方衆生が、心から信楽して、私の国に生まれたいと思い、十回でも念ずるとしよう。その者がもし生まれることが出来ないようなら、私は正覚を取らない。ただし、五逆と誹謗正法の者は除く」

自分が仏になることと、十方衆生が一人残らず仏になることとはイコールだと言っているのです。そしてその法蔵菩薩はすでに仏になっているということですので、この私たちもすでに仏になるように仕組まれているということになるわけです。すでにそのためのプログラムが組まれていて、現に今、ここに生きている私たちにその働きが作用しているというのです。それが本願の働き、本願力だと親鸞さんは言うのです。その働きを利他の働き、すなわち他力と呼んでいるのです。

行が成立しない末法という時代において、ブッダの仏教が在り得るためには、人間の作る行を無価値、あるいは障りと押さえ、それに代わる確実な行の実践主体が必要であったのです。そのために用意されたのがアミダ仏です。真実の体現者であり、真実の行の実践者です。そこから、十方衆生へ働きかけが始まります。アミダ仏の行によって真実世界へ導くプロジェクトです。そして具体的な衆生への接点として準備されたものが、念仏であったのです。アミダ仏によって準備され、一人ひとりに届けられ、受け取りを拒否されても力ずくで押し付け、無理やりの働きかけの中で、アミダ仏の「願い」を衆生の中へ注入しようというのです。その働きかけを、親鸞さんは他力と呼ぶのです。

このことは、人間のほうで準備をしなければならないものは一つもないということを意味します。人間にとっては、完全な無条件です。救いの理論としては、このことによって初めて、十方衆生の完全な救済が成立することになります。完璧な仏教の誕生と言ってもよいだろうと思います。そしてまた、人間社会における現実的思想としては、人間個人の持っている個別的諸条件に基づく世俗の評価を、無価値と判断する根拠になります。このことが、実はとてつもなく重要な意味を持つわけです。第三章でお話したいと思います。

## 四　信

### ■新たな概念

従来の仏教では、教行証というプロセスが語られました。つまり、ブッダの説いた教があり、それに基づく行を実践し、その結果として証を得るというものです。親鸞さんは、このうちの行について、根本からひっくり返すような解釈をしたわけです。人間が真実の行などできるものではない。そのような人間に残された最後の仏教は、アミダ仏の行によって導かれていくことだと。そうなりますと、従来のような教行証という理解では不十分になってきます。アミダ仏の行に動かされるということは、この私の側に何らかの変化が起こるということです。いったい私の中に何が生まれるのか。何が始まるのか。アミダ仏とどのような関係になるのか。その新たな概念を示す言葉が「信」であったのです。真実の教があり、そこに説かれた通りにアミダ仏が行を実践し、それを受ける私たち衆生の中に信が生まれ、それによって私たちが新たな人間存在にさせられていく。教行信証という新しい仏教観が生まれました。

●「それおもんみれば、信楽を獲得することは、如来選択の願心より発起す。真心を開闡することは、大聖矜哀の善巧より顕彰せり。

しかるに末代の道俗、近世の宗師、自性唯心に沈みて浄土の真証を貶す。定散の自心に迷ひて金剛の真信に昏し。

ここに愚禿釈の親鸞、諸仏如来の真説に信順して、論家釈家の宗義を披閲す。広く三経の光沢を蒙りて、ことに一心の華文を開く。しばらく疑問を至してつひに明証を出す。まことに仏恩の深重なるを念じて、人倫の哢言を恥ぢず。浄邦を欣ふ徒衆、穢域を厭ふ庶類、取捨を加ふといへども毀謗を生ずることなかれとなり」（『教行信証』）

○「思えば、信楽を得るということは、アミダ仏が選んでくださった願心から起こっているのです。アミダ仏が真実の心を開いてくださっているのは、シャカムニブッダが衆生を哀れんでさまざまに手を回してくださったことから顕れているのです。

そうであるのに、末法の時代の者たちやこの頃の仏教の先生たちは、自分の心の中にこそ真実があるように勘違いして、浄土の真実をおとしめ、自力仏教に迷ってアミダ仏から届けられる真実の信が分かっていません。

ここに愚禿釈親鸞は、諸仏如来の真実の教えに信順し、それを論じ解釈してくださった先生たちの言葉を読ませていただきました。広く『仏説無量寿経』『仏説観無量寿経』『仏説阿弥陀経』の教えをいただき、とくに天親菩薩の『浄土論』を学ばせていただきました。少し疑問を提起してその後に明らかな結論を出します。まことに仏の恩の深重なることを思って、世間の者たちから何を言われても恥とは思いません。アミダ仏の浄土を願う人たち、人間社会の悲しみを厭う方々、取捨を加えても毀したり謗ったりすることのありませんように」

『教行信証』の信文類の前に付けられた序の全文です。書物の最初だけでなく、途中半ばに序文が付けられるのは珍しいものです。それだけこの信文類という一巻は、親鸞さんにとって特別の重要な意味を持っていたのでしょう。

その中で親鸞さんは、自分がこの「信楽を獲得する」ことになったのは、アミダ仏の願いから起こったことであり、シャカムニブッダの方便によって仏教がそのように顕されたことであると言っています。つまり、末法時代の自分たちにとっての仏教は、このアミダ仏の働きに出会う仏教しかないと言うのです。それなのに、それがこの国の仏教者には理解されていないと、自力聖道の仏教を厳しく批判しています。そして自分が至り着いた仏教、とくに新しい概念としての信を説くにあたって、当然沸き起こるであろう批判を想定しながら、それを恥じとは思わないという強い意志を述べています。

「浄邦を欣ふ徒衆、穢域を厭ふ庶類」。源信の『往生要集』に使われた「厭離穢土、欣求浄土」（この穢れた人間社会を厭い離れ、アミダ仏の清浄な国土を願い求める）を踏まえた言葉であるわけですが、両者の間にある穢土観浄土観には大きな隔たりがあります。ことに「いとふ」という言葉は、親鸞さんの念仏を理解する上でのとても重要な一つです。単純に穢土を嫌って捨てるということではありません。穢土が自分の生きている場であり、その穢土を構成する一人が自分であり、自分の本性がまた穢身であるという認識があります。次の章でお話したいと思います。この信文類序の言葉は、まさしくそのような認識の上で書かれたものです。

「人間社会の悲しみを問題にしようとする皆さん！　このアミダ仏の願いから発する教えによって、私たちの今日の一歩を確認し、進めていきませんか」という力強い呼びかけのように思えます。

## ■もう一つの力の論理

アミダ仏が実践する行を大行と呼んだように、その大行によって人間の側に生み出されるものを大信と親鸞さんは呼んでいます。分かりやすく言えば、アミダ仏が私たち人間を導くために行動を起こします。具体的には本願力という願いの力を私に加えます。たとえば、私の襟首をつかまえて後ろへぎゅっと引っ張るような感じです。私としてみれば、無理に引っ張られて「おお！」という驚きを覚えるという感覚です。その感覚は私自身のものですが、それはアミダ仏から与えられた感覚です。私を真実へ導くためのアミダ仏の行動（行）と、それによって引き起こされる私の身の上に起こる感覚（信）です。それを親鸞さんは、信心とか信楽と呼んでいます。

●「しかるに常没の凡愚、流転の群生、無上妙果の成じがたきにあらず、真実の信楽まことに獲ること難し。なにをもつてのゆゑに、いまし如来の加威力によるがゆゑなり、博く大悲広慧の力によるがゆゑなり。たまたま浄信を獲ば、この心顚倒せず、この心虚偽ならず。ここをもつて極悪深重の衆生、大慶喜心を得、もろもろの聖尊の重愛を獲るなり」（『教行信証』）

○「さて、常に迷いの中に沈み込んでいる愚かな凡夫、迷いの中を流転し続ける者たちは、この上ない悟りを開くことができないということではありません。それを求めようとする真実の心すら持つことが難しいのです。それはなぜかと言いますと、それはアミダ仏から私に加えられるすぐれた力があって初めて生まれるものであるからです。また、アミダ仏の広く大きな慈悲と智慧の力によって初めて生まれるものであるからです。もしもそのアミダ仏から与えられる真実の信心を獲ることができたならば、その心は道理にかなったものであり、また虚偽なるものではありません。そうであるので、極悪深重の者たちも大きな喜びの心を得ることができるのですし、諸仏たちからも尊敬を受けるのです」

人間というものを「常没の凡愚、流転の群生」「極悪深重の衆生」と押さえ、そのような者からは、悟りどころか、それを求めようとする心すら起こらない、と言います。人間にとって真実への道があるとすれば、それは「如来の加威力による」道しかないと。つまりアミダ仏から与えられる力（働き）によって動かされていく道だと言うのです。人間は煩悩による力の論理で動きますが、その愚かさを知らせる働きが、アミダ仏の願いによる力の論理だと言うわけです。

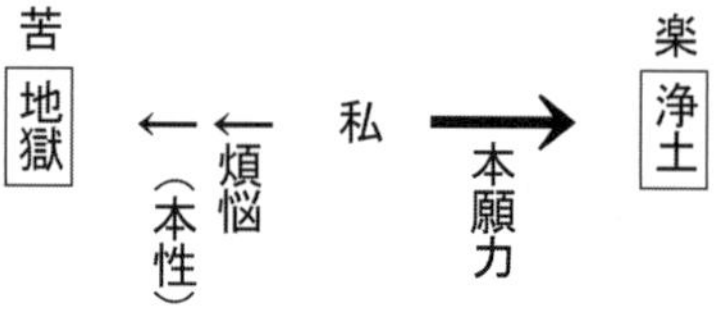


　力というものは必ず方向を持ちます。人間の煩悩という力の向かう方向を地獄、つまり苦の方向だと言います。それに対して、アミダ仏の願いの力が向かう方向が浄土です。真実の楽、十方衆生共有の楽の方向です。二つの方向は当然正反対を向いています。ですから例えるならば、先ほど言いましたように私の襟首をつかんで後ろへ引っ張る、という具合です。

　私が煩悩のままに向かっている方向は、私の本能的本性によって「良い」と選んでいる方向であり、私自身がその方向に疑問を持つということは、普通はありません。そこに疑問を持つ、あるいは間違った方向だと否定する心が起こるとすれば、それは他者から指摘されるか、あるいはまったく別のものと遭遇した場合です。「あれ？　ひょっとしたら間違っていたかな？」と。私たちにとっての本願力とは、そういう働きをしているというわけです。親鸞さんはその働きに会う中で、自分の本性に気付き、苦悩の根源であると自覚させられていくのです。そのように、私の中で新たに生み出される感覚。それを信心と言っているのです。

たとえば善導の言葉を引用しながら、こんなふうに説きます。人間が何らかの行動をしようと思うならば、それはアミダ仏の真実心を仰がねばならない。人間が自分でまともなことをやっているなどと思ってはならない。なぜならば、人間の中にあるのは間違い（虚仮）でしかないのだから。人間は自分の持つ悪い本性をやめることができない。それは毒蛇や毒虫のようなもので、内側に必ず毒を持っている。その毒を持った心で行動しても、それはすべて毒交じりの行動にしかならない。それをもって浄土に往生しようなどと思うのは、「これかならず不可」であると。和讃には次のように記しています。

●「　外儀のすがたはひとごとに
　　賢善精進現ぜしむ

貪瞋邪偽おほきゆゑ
奸詐ももはし身にみてり　」（『正像末和讃』）

○「外側の姿は皆それぞれに、賢く善い行いを一生懸命務めているように見せかけていますが、心の中は欲望だらけで、間違ったことばかりですので、悪いことを考えて人をだますようなことを次々に行ってしまうのです」

●「
悪性さらにやめがたし
こころは蛇蝎のごとくなり
修善も雑毒なるゆゑに
虚仮の行とぞなづけたる　」（『正像末和讃』）

○「私の悪い本性はいっこうに止めることができません。心は蛇や蠍のようです。善い行いにも毒が混じりこんでいるので、偽物の行と名付けるのです」

自分の本能的本性としての自己執着心は、努力すれば解消出来るというものではありません。自分でも気付かないままに自己満足・自己保身に走り出しています。正しい人間を装っている私の現実が、アミダ仏の力を加えられるときにあぶり出されるということです。「常没の凡愚、流転の群生」「極悪深重の衆生」という自己認識は、アミダ仏の加威力、本願力を受ける中で生まれるものです。

## ■執拗な勧め

行のところで「仏になりたいか」ということを書きました。くどいようですが、この一点はとても大事なことです。従来は、「私は仏になりたい。だから厳しい修行を励む」というのが仏教であったわけです。ところが親鸞さんは、比叡山で修行を励みながら、そのことに疑問を持ちました。本当に自分は仏になりたいのだろうかと。その疑問を持ったということの前提として、仏とは何かという突き詰めがあったのは当然のことです。仏というものは、煩悩を完全に消滅させた者。煩悩を消滅したということは、我執（自己執着心）を離れたということ。それは十方衆生という命の存在に目覚め、自分自身と対等に平等に一つのものとして認識するということ。その仏の姿を自分の現実の生活に引き寄せ、生身の自分の今日現在の具体的人間関係に重ねてみる。そこで「本当に自分はそういう仏になりたいのか」を問う。その作業を丁寧に繰り返すなかで、おそらく親鸞さんには「仏になりたいという心などどこにもない」現実が見えたのだろうと思います。その時点で、親鸞さんはすでにアミダ仏と出会っていたと言ってよいのかも知れません。

信文類の中でさまざまな経論釈を掲げながら、『仏説無量寿経』十八番目の願に込められたアミダ仏の願いは、自分のように仏になりたいなどと思ってもいない者を、必ず仏にするという誓いであったと論じます。つまり自分が仏になるために必要なものを、すべてアミダ仏が準備を整え、私に力ずくで無理やり与えてくれている、押し付けているという受け止めです。仏になろうとする心を、「願作仏心」あるいは「大菩提心」「横超の金剛心」などの言葉で表し、それは同時に「度衆生心」でもあると説きます。ここでは和讃と、そこに添えられた左訓を読んでみたいと思います。

●「

浄土の大菩提心は
願作仏心をすすめしむ
すなはち願作仏心を

度衆生心となづけたり　　　」（『正像末和讃』）

○「アミダ仏によって浄土に導かれていく私たちにとって、仏になろうとする心とは、『浄土に生まれて仏になろうと願ってくださいね』とアミダ仏から勧められていることです。そしてそれは、『すべての人々と一緒に仏になってほしい心』とも名づけられるのです」

「願作仏心」の左訓に「他力の菩提心なり。極楽に生まれて仏にならんと願へとすすめたまへるこころなり」とあります。私が願う心ではなくて、アミダ仏が私に対して「仏になろうと願ってくださいと勧めてくださっている心だと言うのです。そしてそれは「度衆生心」とも呼ぶのだと言います。同じく左訓には「よろづの有情を仏になさんとおもふこころなりとしるべし」とあります。十方衆生を利益する者を仏と言うのですから、その仏になろうと願う心は、十方衆生を利益したいという心であると言うのです。

仏になりたいとも、他の者たちを救いたいとも思えない私たちです。うわべでどんなに美しい上等なことを言っていても、腹の中では常に自分自身が一番大事です。私たちは自分の心の中に、蓋の付いた大きなゴミ箱を持っているのです。自分の間違いや欠点、自分で見たくない自分自身をその中に仕舞い込みます。無意識にそれを繰り返すうちに、ゴミ箱を持っていることすら意識できなくなります。自分を振り返れば、ゴミ箱に入れなかった良い部分だけが見えてきます。大きな勘違いをするのです。自力仏教にはそんな落とし穴があったのです。

自分からは仏になろうなどと思うはずのない私たちに、アミダ仏が常に付き添い、常に「どうか、仏になる道へ入ろうという願いを持ってください」と勧め続けるのだというのです。そのアミダ仏の執拗な働きかけが続けられる中で、私にそれが届き、「なるほど、そういうことだったのか」といううなずきが生まれると言うのです。

親鸞さんは関東の門徒たちへの手紙で、こう記しています。

●「もとは無明の酒に酔ひて、貪欲・瞋恚・愚痴の三毒をのみ好みめしあうて候ひつるに、仏のちかひをききはじめしより、無明の酔ひもやうやうすこしづつさめ、三毒をもすこしづつ好まずして、阿弥陀仏の薬をつねに好みめす身となりておはしましあうて候ふぞかし」（親鸞消息）

○「これまでは無明という酒に酔っ払って、煩悩を好んで食べておられましたけれども、仏の誓いを聞き始めてから、無明の酔いがだんだん少しずつさめてきて、煩悩も少しずつ好まなくなってきて、お互いにアミダ仏の薬を好む身になられたのですよ」

無明は私の本性ですので、消えることも減ることもありません。しかしアミダ仏との関係を持つ中で、その自分の本性に気付くようになります。そのことを「やうやうすこしづつさめ」と表現したのでしょう。アミダ仏の薬、すなわち念仏、本願が、自分が頼るべき根拠として与えられたということです。

そのことをもって、親鸞さんは私たちにとっての「発菩提心」「願作仏心」であると言うのです。そしてさらにそれが、イコール「度衆生心」でもあるのだと。仏になる身になってほしいというアミダ仏の願いは、衆生を利益する身になってほしいという私への願いなのだと言うのです。そのように受け止める心を、信心と言っているのです。アミダ仏の願いによって、私の中に生み出された心です。

■勧められても難中之難

頭で分かっても体が受け付けない、ということがあります。どんなに素晴らしいものだと言われても、確かにそうだと自分で思えても、それでも嫌だということがあります。今見てきたように、私たち衆生の愚かさを心配して、アミダ仏が必要な準備をすべて整えて「さあ、ご一緒に」と導いてくれていると言います。親鸞さんもそれを絶賛して、「ご一緒に！」と誘ってくれています。でも、です。私という人間はそう簡単には動こうとしません。

●「善知識にあふことも
をしふることもまたかたし
よくきくこともかたければ
信ずることもなほかたし」（『浄土和讃』）

○「良き先生に出会うことも難しいことですし、人に教えることも難しいことです。教えを聞くことも難しいことですし、それを信ずることはなお難しいことです」

●「一代諸教の信よりも
弘願の信楽なほかたし
難中之難とときたまひ

無過此難とのべたまふ　」（『浄土和讃』）

○「シャカムニ仏がご一生の間に説かれた、そのほかのどんな教えを信ずることよりも、アミダ仏の願いを聞いてうなずいてゆく念仏の信心はなお難しいのです。難の中の難と説かれ、またこの難より過ぎたものはないと言われるほど、私たちにとってはとても難しいことなのです」

●「　弥陀仏本願念仏
邪見驕慢悪衆生
信楽受持甚以難
難中之難無過斯　」（『教行信証』）

○「アミダ仏の本願による念仏は、間違った見方、高慢心の愚かな人間にとっては、信じ保つことはまことに難しく、難の中の難これ以上の難はないのです」

『正信偈』には「難行・易行」という言葉もあります。念仏以前の仏教の修行は、険しい陸の道を歩くようなもので、力のある者しか出来ない難しい行である。それに対して、念仏を称えてアミダ仏の願いを聞くという行は、水面を舟ですべるようなもので、誰にでも出来る易しい行である、という言葉です。

いっぽうでは念仏は易しいと言いながら、ここではこれ以上難しいものはないと言っています。これは矛盾するようですが、そうではありません。「難行・易行」という言葉は、人間が持っている能力の優劣の上で言う言葉です。完全に自己を制御するような厳しい修行が出来る人と、それが出来ない人とを区別して、後者の人には「これは難しい」けど「こっちなら易しい」と。人間の能力は必要ではない、という意味での易行です。

アミダ仏の本願を聞くという行は、それまでの行とはずいぶん違います。人間の持っている能力など何も関係がないのです。人間の能力を使うのではないからです。人間が自分の手を出して、何かをどうこうする、という話ではまったくないのです。親鸞さんが「他力というは義なきを義とす」（アミダ仏の願いを聞くという行は、人間のはからい、すなわち手を出すことをやめるということが大事です）と言っている通りです。手をおろして、アミダ仏から届けられている願いに耳を傾けることです。アミダ仏から照らされている私自身の姿を見つめさせられることです。アミダ仏の願いを聞きながら、自分の現実と、目の前の人間社会の現実を考えさせられることです。

人間は命を持っている限り、命の本能で動きます。本能は、生きていたい、死にたくない。楽になりたい、苦しいのはいや。自分が大事、他人は二の次。自己執着、自己保身、自己満足。私たちの現実はそれです。その本能的な現実を問い返せ、というのがアミダ仏の願いです。本能のままに生きていこうとしている私たちに、「ちょっと待って！」とストップをかけ、「それでいいの？」と問いかけ、「アミダ仏の思いはこうなんだけど……」と十方衆生の楽を示し続けるのです。その働きかけを受け止め「なるほど、そうなんだ……」とうなずき（信楽）、それを心において（受持）、自分を問い直す（いとふ）。このことが「邪見驕慢悪衆生」にとっては、実に難しいことであると言うのです。そしてその難しいことも、アミダ仏のあきらめない（無倦）働きかけで、次第に少しずつ実現していくのだと親鸞さんは言うのです。それが先ほどの手紙にある、「仏のちかひをききはじめしより、無明の酔ひもやうやうすこしづつさめ、三毒をもすこしづつ好まずして……」という言葉になるのです。無明煩悩が減ったり消えたりするわけではありません。無明煩悩への自覚が、少しずつ深まるということです。

■無倦なる者の設定

アミダ仏からの執拗な働きかけを受け続ける。簡単に言えば、頼みもしないのに無理やり押し付けてくる、ということです。人間がどれだけ知らん顔しても、あきらめずに働きかけてくるということです。

●「
十方微塵世界の
念仏の衆生をみそなはし
摂取してすてざれば
阿弥陀となづけたてまつる
」（『浄土和讃』）

○「細かな塵の数ほどある無数の世界に存在する、すべての生きとし生けるものをご覧になって、それらをことごとくご自分の胸の内におさめとり、捨てることのないお方でありますから、『阿弥陀』というお名前でお呼びするのです」

この和讃で親鸞さんは、十方衆生をことごとく摂取して捨てない仏であるのでアミダという名で呼ばれるのだと書いていています。そして「摂取」という言葉に、次のような左訓を付けています。「摂《おさ》めとる。ひとたびとりて永く捨てぬなり。摂はものの逃ぐるを追はへ取るなり。摂はをさめとる。取は迎へとる」。逃げていく者を追いかけて捕まえ取る。とても象徴的な言い方だと思います。アミダ仏の心から逃げ出す者。それが、煩悩からひと時も離れることのできない、この親鸞のことであるという思いなのでしょう。アミダ仏はそれを追いかけ捕まえとっているのだと。

●「　煩悩にまなこさへられて
　　摂取の光明みざれども
　　大悲ものうきことなくて
　　つねにわが身をてらすなり
　」（『高僧和讃』）

○「私は煩悩に心の目がさえぎられてしまって、私を摂取しようとするアミダ仏の光を見ることができません。けれども、アミダ仏の大きな慈悲心はあきらめたり捨てたりしないで、つねにこの私を照らし続けているのです」

【ものうきことなく】

左訓に「ものうきことといふは怠り捨つるこころなしとなり」とある。倦《う》むは、嫌になる、飽きる、退屈する。『正信偈』には「煩悩障眼雖不見　大悲無倦常照我」とある。

この和讃でも親鸞さんは、アミダ仏の私たち衆生に対する働きかけの様子をしつこく書いています。ここではアミダ仏の働きをまったく見えてもいない者をも、あきらめずに照らし続けると言っています。先ほどの「逃ぐるを追はへ取る」と同様、これらの表現はアミダ仏の働きが十方衆生利益という意味において完璧であるということを言っているのです。十八願に書かれたアミダ仏の誓いが、本当に現実のものであるのだということを、親鸞さんは強く主張したいのでしょう。

倦怠という言葉は、物事に飽きて嫌気がさしてくるということです。夫婦の倦怠期などと使います。飽きるというのは、同じことを繰り返すうちに新鮮味がなくなり、満足できなくなるということです。変な言い方に聞こえるかもしれませんが、私たち人間をつねに真実の方向へ導く者を設定しようとするとき、その者は決して倦怠感を持ってはならないということなのです。なぜならば、私たち人間は煩悩にまみれて、つねに真実とは反対方向へ動こうとするのが本性であるからです。やってもやっても、言っても言っても、聞かせても聞かせても、照らしても照らしても、どれだけ繰り返し働きかけても、簡単には受け止めてくれない。無視される。裏切られ続ける。それでも諦めず、嫌にならず、捨てずに抱きかかえ続け、働き続ける。そういう者が人間には必要であるのです。アミダ仏はそういう存在として設定されたのです。

■納得してうなずく

一方的に私たち衆生を導くものとしてアミダ仏は語られるわけですから、親鸞さんが言う信心というものが、世間一般で使われる信心と同じであるはずはありません。アミダ仏から力が加えられ、それによって私の中に起きてくる感覚、と先に話しました。「疑う」という概念を通して、もう少し考えてみたいと思います。

●「聞といふは、衆生仏願の生起本末を聞きて疑心あることなし、これを聞といふなり」（『教行信証』）

○「聞くということは、私たち一人ひとりが、アミダ仏の願いが生まれ起こされたいわれを聞いて、疑う心が無いということです。これを聞と言うのです」

「疑心あることなし」、漢文では「無有疑心」。「疑心あるべからず」ではないのです。「疑ってはならない」ではなく、「疑う心がない」というのはどういうことでしょうか。「疑ってはならない」を信ずるという言葉を使って言い直すと、「信じなければならない」となります。では「疑う心がない」は、「信じている」でしょうか。

次の二つの文の意味の違いを考えてみましょう。

Ａ「あの人はウソを言わない人だと、私は信じている」

Ｂ「あの人はウソを言わない人だと、私は知っている」

以前、寺で開催していた勉強会でこの質問をしたところ、次のような意見が出ました。Ａのほうには、「信じたい」「希望的」「もしかしたら、を覚悟して」などなど。Ｂのほうには、「考えるまでもなく」「あたりまえ」「確信」などのニュアンスがあるという意見でした。次にこう聞いてみました。「あの人」と「私」との関係は、ＡとＢとどちらのほうがより深いと思いますかと。ほとんどの人がBと答えました。Aは関係が浅いから、「信じたい」という力みがあると。それに対してBは、関係が深いから事実としてそう知っていると。私もそう思います。数日前に出会った人と、何十年もお付き合いのある人とは違います。何が違うのかと言えば、お互いの理解度の深さです。「あの人はいい人だから、まさかウソは言わないと思うけど……信じます！」というのと、「あの人がウソを言うわけがない。私が一番良く知っているよ」という違いです。

もう一つ。AにあってBにないものは何でしょうか。それが疑いです。「信じている」という中には疑いが含まれているのです。疑いがあるからこそ、信じるという力みが生まれるのです。先ほどの「疑心あることなし」は、ここで言えばBの「知っている」です。アミダ仏との関係が、そこまで深くなっているということです。そして大事なことは、「知っている」という状態になるためには、疑いと向き合い、それを晴らすというプロセスが必要であるということです。

●「もしこの書を見聞せんもの、信順を因とし、疑謗を縁として、信楽を願力に彰し、妙果を安養に顕さんと」（『教行信証』）

○「もしこの書物を見たり聞いたりする人は、信順の心を因として、疑い謗る心を縁として、本願の働きのなかで信心をいただき、浄土への道を拠り所とさせていただきましょう」

『教行信証』の最後の部分にある言葉です。「疑謗を縁」としてアミダ仏との深い関係を生み出していったのが親鸞さんだったのです。Aの人間関係でも、疑いを抱えながら関係を続ける中で、少しずつお互いの理解が深まり、いずれはBのような関係になっていくのでしょう。先ほどの言葉で言えば、「仏願の生起本末を聞く」という部分になります。アミダ仏の願いが生まれ起こされた目的は何であったのか。誰をどうしようというのか。何のためなのか。どういう方法をとるというのか。それを疑心を持ちながらよく聞け、というのです。よく聞く中で、少しずつ領けるところが見えてくるというのです。

現役時代、見知らぬ土地の寺へ行く道中で、よく道に迷いました。カーナビが使えるようになってずいぶん助かりましたが、それでも不安になることがありました。とくに山深い土地へ行きますと、民家がなくなり細い道だけが続くこともあります。そんな時、「このカーナビは大丈夫だろうか。古いから間違っているんじゃないだろうか」と疑いが出てきます。ちょうど農作業をしている人を見つけて聞いてみました。「〇〇寺へ行きたいのですが、この道で間違いないでしょうか？」。「間違いないですよ。あと一キロほど行くと左側に寺の屋根が見えますよ」。このひと言で私の不安も疑いも消えました。

法蔵菩薩が衆生救済の願を起こしたとき、その方法として「われ仏道を成るに至りて、名声十方に超えん。究竟して聞ゆるところなくは、誓ひて正覚を成らじ。（私は仏になることができたならば、私の名声を十方に届けたい。極め尽くして、もし聞こえない所があるようなら、誓って仏にはならない）」と、声を聞かす、という手段を選んだという設定は、とても理解しやすいことのように思えます。

無明なるがゆえに、生きるという道において迷っているのが人間です。どちらの方向へ向かうのが正しいのか分からず、ついつい自分の都合のよい判断にまかせて行動し、その結果として命の対立を生み苦しみを作ります。そんな人間に一方的に声を掛け続ける存在として、アミダ仏は説かれます。その声を頼りに、アミダ仏の願いを聞いていこうと、親鸞さんは言うのです。疑いを持ちながらも問うていこうと。問いながら、聞きながら、自分の現実の一日を生きていこうと。その中で、「無明の酔ひもやうやうすこしづつさめ、三毒をもすこしづつ好まずして、阿弥陀仏の薬をつねに好みめす身と」なることが成り立つと言うのです。

●「　真宗念仏ききえつつ
　一念無疑なるをこそ
　希有最勝人とほめ
　正念をうとはさだめたれ　」(『高僧和讃』)

○「真実の教えである念仏を聞き受け止めながら、そこに疑いが無くなっている人を、とても希有な勝れた者であるとほめられ、まことの信心を得た姿だと言われるのです」

ここに「ききえつつ」とあります。「聞きつつ」ではなくて、「聞き得つつ」です。この「得る」を辞書で見ますと、「納得する。理解できる。悟る」という意味があり、「要領を得ない質問」などの用例が出ています。単純に、聞きながらというのではなく、そこ(念仏)に込められた(アミダ仏の)思いを受け止め納得しながら、という言葉になります。この納得するということが、うなずく（頷く、肯く）ということであり、疑いが無いということになるのです。

ものごとの意味合いをしっかりと聞いて、そのことに納得する。疑問があればそれを質《ただ》して解決し、おのずと「なるほど」とうなずける状態になることです。疑うということは、自分にとって未解明の部分に問いを持つことです。その問いを追求し、解明することで納得が得られます。納得が得られた状態が、疑いの無くなった状態です。アミダ仏の願いを聞き、なるほどと頷く。疑いのない状態が、親鸞さんの言う聞であり、それが信ということに他ならないのです。私がアミダ仏を信ずるのではなく、アミダ仏とはこういう存在だったのだと知りました、知っています、ということです。

人間の苦悩を救済するための存在として設定されたアミダ仏ですが、そのフィクションとしてのアミダ仏と、親鸞さんは内面において信という絆を持つわけです。それは決して観念上、理論上の存在にとどまるものではないのです。そこにあるのはまさに、現実的に具体的に声をかけてきて、向かうべき方向をアドバイスしてくる人格です。現実の人間社会の状況を目にし、一個の人間として今何を問い、何を行動すべきなのかと立ち止まる時、そこに寄り添い、いや密着して、呼びかけ続ける存在。親鸞さんは「招喚」と表現しました。「喚」とは、大きな声で呼ぶことです。「こっちだ！」と招いて大声で呼び続ける存在です。アミダ仏はそのような存在として、生きて動いているのです。

## 五　証

■往って還る

次に親鸞さんは、私たちがアミダ仏の教・行・信によって導かれた結果を説きます。私がどうなるのか、ということです。

●「つつしんで真実の証を顕さば、すなはちこれ利他円満の妙位、無上涅槃の極果なり」（『教行信証』）

○「つつしんで、真実の証を顕すならば、それは利他の働きが成就したすばらしい仏の位であり、この上ない最高の悟りという結果です」

●「煩悩成就の凡夫、生死罪濁の群萌、往相回向の心行を獲れば、即のときに大乗正定聚の数に入るなり」(『教行信証』)

○「煩悩から離れることの出来ない私たちも、迷いの中で罪を犯す濁り多い私たちも、浄土へ導くアミダ仏の働きを受け止めるとき、すぐさま大乗仏教における正定聚の一人として定まるのです」

【往相】おうそう
衆生が浄土へ往く姿、浄土へ往くこと。

【正定聚】しょうじょうじゅ
正しく聚に定まる。まさしく仏に成る仲間の一人に決定する、ということ。

ここでまず、「往相回向」という言葉について説明しなければなりません。「還相回向」という言葉も出てきます。二つそろえてとても重要な内容を持ちます。それをまとめてお話ししたいと思いましたので、今までのお話の中では故意に触れずに来ました。回向についてはすでにお話しましたが、自分が積み重ねた善い行いの結果を、自分または他者に回し向けることです。

親鸞さんが語る場合の回向は、すべてアミダ仏の行う回向です。私たち人間が行う「善い行い」は、すべて虚仮不実であるからです。アミダ仏が積み重ねた行の結果を、十方衆生のために回し向け、それによって真実に導こうということです。

『教行信証』の教文類の書き出しにこうあります。

●「つつしんで浄土真宗を案ずるに、二種の回向あり。一つには往相、二つには還相なり。往相の回向について真実の教行信証あり」（『教行信証』）

○「つつしんで浄土についての真実の教えを考えると、二種の回向があります。一つには往相であり、二つには還相です。往相の回向について真実の教行信証があります」

二種類あると言います。一つ目が往相。往相とは往く姿（相）です。つまり私たち十方衆生が、アミダ仏に導かれて浄土に往生していく姿を言います。往相回向とは、アミダ仏が私たちを浄土へ連れて行く仕事のことです。その仕事の説明に、教・行・信・証の四つのプロセスがあるというのです。そして二つ目が還相。還る姿（相）です。浄土に往生した私たちが、今度はこの人間社会に還るというのです。その還らせる仕事を還相回向と言っているのです。それがこの証文類の中心になります。

さて、先に掲げた証文類の言葉です。私たちはどうなるのか。ひと言で言えば、仏になるのだと言います。浄土に連れて行かれて、そこで最高の仏に成ると言うのです。正定聚という言葉は、仏に成ることが決まりましたということです。それはいつ決まるのかと言えば、これまでお話してきましたように、アミダ仏の力に動かされて、私の中に「なるほど」といううなずきが生まれた時です。

●「
弥陀智願の回向の
信楽まことにうるひとは
摂取不捨の利益ゆゑ
等正覚にいたるなり
」（『正像末和讃』）

○「アミダ仏の智慧から起こされた願いの働きをいただき、それを受け止めうなずくことが出来た人は、ひとたび摂取して捨てることがないというアミダ仏からの利益によって、必ず仏に成る身に到るのです」

【等正覚】とうしょうがく
左訓に「正定聚の位なり」とある。仏になる条件がすべて整った者。

ここで、私が仏になるということを、理屈の上だけで考えてみましょう。仏に成ることが決まるのは、人間である私においての出来事です。しかし仏に成るのは人間の命が終わった時です。命が終わると同時に浄土に往生して、そこで仏に成るわけです。仏に成るということは、大慈悲心を持つということであり、十方衆生の苦悩を解決する仕事に就くということです。十方衆生を救いたいという思いで一杯になるということです。

●「　願土にいたればすみやかに
　　無上涅槃を証してぞ
　　すなはち大悲をおこすなり
　　これを回向となづけたり」（『高僧和讃』）

○「私たちはアミダ仏に導かれて浄土に行きます。浄土に至ればすぐに、この上ない最高の悟りを開いて、大慈悲心を具えた仏になるのです。これを回向と言うのです」

【願土】がんど
　アミダ仏の本願によって出来上がった世界（土）。浄土のこと。

　ところが、その浄土という世界は仏の世界であり、苦悩の衆生は一人もいません。つまりそこにいても仕事にならないわけです。では苦悩の衆生はどこにいるのかと言えば、この人間の世界です。それで、仏に成った者はこの人間世界へ、仕事をするために戻ってこなければならないということになるのです。それが、浄土から還る、というストーリーが生まれる理屈です。

●「安楽浄土にいたるひと
　五濁悪世にかへりては
　釈迦牟尼仏のごとくにて
　利益衆生はきはもなし　」（『浄土和讃』）
○「人間の命を終えて浄土に生まれ、仏になられたお方は、すぐにこの濁りに満ちた人間の世界に帰ってこられ、ちょうどシャカムニ仏がそうされたように、苦悩する人々を助ける働きに全力を尽くすのです」

私の浄土往生という話は、人間世界にいる私が、アミダ仏に連れられて浄土に往生し、そこで仏に成って、ふたたびアミダ仏の働きで人間世界に還ってくる。往って還るという往復のコースであるわけです。何のためにかと言えば、もちろん十方衆生を利益するためです。ここには「私の意思」は何一つありません。一から十まで完全にアミダ仏の意思によって私が動かされていくという話です。

■「火宅の利益」という目的

●「
九十五種世をけがす
唯仏一道きよくます
菩提に出到してのみぞ
火宅の利益は自然なる
」（『正像末和讃』）

○「さまざまな外道《げどう》（仏教以外の道）は世の中を汚すものです。ただ仏教の道だけが清らかなものといえます。仏の悟りに至った者だけが、この人間社会に還って人々を真実へ導こうと、自ずと働き出すのです」

【九十五種】くじゅうごしゅ
九十五種類の外道のこと。外道は仏教以外の教え。

【菩提】ぼだい
仏の悟り。

【火宅の利益】かたくのりやく
左訓に「穢土にかへり衆生利益するをいふなり」とある。火宅は『法華経』にある比喩で、迷い苦しむ世界のこと。

【自然】じねん
おのずとしからしむる。自然にそうなる。自動的にそういうことになる。

十方衆生利益のために人間世界に還る。このことを親鸞さんは『教行信証』においても和讃においても、繰り返し何度も説いています。親鸞さんにとっての浄土往生の目的が、まさしくここにあったということを示しています。いえ、親鸞さんの起こした目的ではなく、アミダ仏から無理やり押し付けられて、親鸞さんの中に入り込んだ、仏教の目的です。

この和讃の後半二句がとても大事です。この文章は「○○のみぞ、△△なる」、つまり「○○だけが、△△になるのだ」という言い方です。これは△△という結果を出すことが出来るのは、○○だけなんだ、という文です。△△が目的であり、○○はそのための必要条件です。左訓にあるように、この人間社会にもどって衆生利益がごく自然に行われていく。そのことが親鸞さんにとっては目的となる事柄です。そしてその目的のための必要条件が、仏教によって仏になることだと言うのです。末法という自分が生きている現実は、その仏教が壊れてしまった時代だ、というのが親鸞さんの悲しみです。この悲しみの時代に残された唯一の道が、アミダ仏の本願に導かれながら生き、浄土に連れて行かれる仏教だと言うのです。

●「　釈迦如来かくれましまして
　　二千余年になりたまふ
　　正像の二時はをはりにき

如来の遺弟悲泣せよ

」（『正像末和讃』）

○「シャカムニ仏がお亡くなりになって、二千年余りが過ぎてしまいました。もうすでに正法の時代も像法の時代も終わってしまいました。この末法という時代に仏教を学ぼうとする私たちは、悲しみ泣かねばならない大変な状況の中にいるのです」

「悲泣せよ」と親鸞さんは言います。それは、末法の時代になってしまって、自分が救われていく道がなくなったから悲しい、のではないのです。仏教とは、自分一人が楽になる教えではまったくありません。仏教とは十方衆生が完全に真実と出会うことを成し遂げるためのものです。そのために必要であるのが、苦悩の衆生が仏になり、再度この社会に還って衆生を利益するという、永遠の循環です。その仏教に出会いにくくなってしまった、というのが末法の悲しみだと言うのです。

●「

如来の回向に帰入して

願作仏心をうるひとは

自力の回向をすてはてて

利益有情はきはもなし

○「アミダ仏が私たちに与えてくださる願いのお心に帰依し、耳を傾け、仏になる道へ手を引かれている人々は、間違いだらけの自分を頼った往生を捨てて、真実の浄土往生をいただくのですから、その結果としての人々を救う働きは、限りなく大きなものになるのです」

」(『正像末和讃』)

「自力の回向をすてはてて」。自分の努力した修行の結果をもって仏になろうというのが「自力の回向」です。当然仏になる一つの道としてそれはあるわけです。しかし、アミダ仏(他力)と出会った親鸞さんにとっては、それはすでに迷いの姿にしか見えなかったのです。どんなにすぐれた人間であっても、「利益有情」がそこから出てくるとは思えなかったからです。もしそんな人がいれば、「煩悩のなきやらん(煩悩がないのでしょうか)」(『歎異抄』)ということになります。人間のはからいを捨てたところにこそ、「利益有情はきはもなし」があるのです。親鸞さんにとっては、自力仏教は完全に一〇〇%間違ったものとして捨てられています。

さて、これらの言葉に登場する「無上涅槃」も「願作仏心」も「度衆生心」も「正定聚」も「利益有情」も、どれもこれも私たち人間にはかけらもないものばかりです。そんな世界へ私たちを導きたいというのが、アミダ仏の願いだと親鸞さんは言うのです。それは何故なのでしょうか。私たちにとって何の意味があるのでしょうか。ただのおとぎ話なのでしょうか。空想のたわ言なのでしょうか。そうではありません。そのような事柄と関係をむすぶ中で、実は私という人間の存在に、大きな意味の転換が生まれるということなのです。第三章でお話しします。

## ■楽とは何か、苦とは何か

極楽という言葉があります。浄土と同じ意味で使われるものですが、親鸞さんはほとんど使っていません。おそらく親鸞さんなりの理由があってのことなのでしょう。逆に蓮如は浄土よりも極楽を多用しています。これも蓮如なりの理由があってのことなのでしょう。

●「舎利弗、かの土をなんがゆゑぞ名づけて極楽とする。その国の衆生、もろもろの苦あることなく、ただもろもろの楽を受く。ゆゑに極楽と名づく」（『仏説阿弥陀経』）

○「舎利弗よ、その世界をどういう理由で極楽と名づけるのかと言えば、その国の者たちは、さまざまな苦がまったくなく、ただきまざまな楽を受けるだけだからだ。そのゆえに極楽と名づけるのだ」

本能という欲望を根底において生きている私たちにとって、楽と聞けば自分の欲望が満たされる楽を思ってしまうのは当然のことです。苦と言えば、自分の思うようにならない苦しみを考えてしまうのは無理のないことです。そして、仏教で語られる楽や苦が、人間の楽や苦ではなく、仏にとっての楽や苦であることを理解することが難しいのも、やむをえないことです。そのために陥ったのが自力仏教でした。人間の楽や苦で生きているにもかかわらず、それを否定しているような殊勝な顔で仏教を語ったのです。法然親鸞はそこに気付いて、自力を否定し本願力ひとつにうなずく道に到ったのです。

親鸞さんは『教行信証』証文類において、『浄土論』や『浄土論註』などを引きながら、仏教における楽を説いています。

まず菩薩にとって、仏に成るために離れねばならない三つの心を説きます。

一　自分の楽を求めないために、自分に執着する心を離れる。
二　一切衆生の苦を抜くために、衆生を安んじない心を離れる。
三　一切衆生を憐愍するために、自分を供養し敬う心を離れる。

次に、菩薩にとって、仏に成るために必要な三つの清浄な心を出します。

一　煩悩の穢れを離れた清浄な心。
二　一切衆生を安んじようと思う清浄な心。
三　一切衆生に常の楽を得させようとする清浄な心。

そして、楽というものには三つの種類があるのだと説きます。

●「楽に三種あり。一つには外楽、いはく五識所生の楽なり。二つには内楽、いはく初禅二禅三禅の意識所生の楽なり。三つには法楽楽、いはく智慧所生の楽なり。この智慧所生の楽は、仏の功徳を愛するより起れり。これは遠離我心と遠離無安衆生心と遠離自供養心と、この三種の心、清浄に増進して、略して妙楽勝真心とす」（『教行信証』に引用された『浄土論註』）

○「楽には三種類ある。一つには外楽、これは目・耳・鼻・舌・身を通した欲望から生まれる楽である。二つには内楽、これは欲望を離れ、心を集中して乱さないことによる楽である。三つには法楽楽、これは智慧から生まれる楽である。この楽は、仏の真実の心に執着することで起こる。これは、自分に執着する心を遠く離れることと、衆生を安んずることがない心を遠く離れることと、自分自身を供養する心を遠く離れることの、この三つの心が清らかに増え進むことで、妙楽勝真心となる」

仏教には、迷いの世界を三段階で説いた三界という言葉があります。その一番下が欲界であり、そこでの楽がこの外楽です。二番目が色界であり、そこでの楽がこの内楽です。色界とは欲望を離れて、清浄な物質だけで成り立っている世界だと言います。一番上が無色界であり、物質を超えた精神の世界だと言います。今ここで説かれるアミダ仏の浄土における楽とは、それらの迷いの世界の楽ではなく、仏の智慧から生まれる楽であり、自己への執着心を完全に離れたものであると説かれています。

簡単に言えばこういうことです。

一　外楽《げらく》……欲望が満足したときの楽。
二　内楽《ないらく》……欲望から離れて、心が集中して乱れない楽。
三　法楽楽《ほうがくらく》……仏の智慧を根拠とし、自己執着心から完全に離れた、十方衆生共有の楽。

この三つ目の法楽楽が、仏教における楽です。極楽の楽です。仏に成るということは、この法楽楽を持った存在になるということです。ですから嬉々として十方衆生利益という仕事に走り回ることになるわけです。穢土に還相して苦悩の人間たちにかかわろうとするのです。ちなみに私たち人間にある楽は、当然外楽です。内楽もありえません。

ついでに触れておきますと、苦についても同じことが言えるのです。ちょうど楽の裏返しになるわけです。言葉はありませんが、内容は次のようになります。

一　欲望が満たされない苦。
二　欲望から離れることが出来ず、心が集中できず乱れる苦。
三　自己執着心から離れることが出来ず、十方衆生へ心が広がらない苦。

私たちが苦しんでいるのは、一です。二の、欲望から離れられないことで苦しむということはあるでしょうか。一瞬「自分はなんて欲深いんだろう」と思うことはあっても、それ以外は平気で欲望のままに生きています。ましてや、三の十方衆生へ心が広がらないことで苦しむことは皆無です。

仏教で語られる苦は、この三つ目の苦です。苦悩の衆生を救うというのは、衆生の欲望を満足させて楽を得させようとすることではもちろんないわけです。自分に執着して離れることができない。そのために他の命と対立し争い、お互いに傷付けあって苦しむ。それが仏の目に映っている苦悩の衆生です。

■還相が説かれない「仏教」

●「大涅槃を証することは願力の回向によりてなり。還相の利益は利他の正意を顕すなり」（『教行信証』）

○「この上ない悟りを得ることは、アミダ仏の本願力の働きによるのです。人間世界に還らせるという利益は、アミダ仏が衆生を救おうとするまさにその心を顕しているのです」

「還相の利益は利他の正意」。私たち衆生を浄土へ導き、そこで仏になった者を、もう一度人間世界に戻らせる。そのことは、十方衆生をすべて導きたいというアミダ仏の願いを成就するための、まさしく中心的な仕事なのです、と親鸞さんは言うのです。還相回向が説かれないような往相回向などありえないわけです。浄土は折り返しの通過点ですから、還相回向がないのであれば、そもそも浄土など意味がないのです。浄土往生の最終目的として、この人間社会においての衆生利益があるのです。

しかしながら残念なことに、親鸞さん以降、この還相回向が語られることはなくなってしまいました。言葉の引用として触れられることはあっても、浄土往生の中心的部分として語られることはまったくなくなりました。『歎異抄』の親鸞語録以外の部分も、覚如・存覚の著書も、蓮如の『御文章』も、そこにあるのは自分がどうやったら極楽浄土に行くことができるか、どうやったら安心できるか、という事柄です。つまり浄土往生は、浄土へ行くことが目的になったのです。それは一体何を意味するのでしょう。十方衆生利益という仏教本来の目的が、自分の中に入り込んでいないということです。私という個人が「仏」になることが目的になってしまったということです。その「仏」とは何なのでしょうか。先に出した本に詳しく書きましたので、ここでは割愛しますが、そこにはすでに、仏教は無い、と言わざるを得ないのです。たとえば、「先立って往かれた方々は還相回向の阿弥陀さまのおはたらきによって、常に私たちにはたらきかけていて下さいます」（即如法話　二〇〇二年）のような使い方も、同様であることは言うまでもありません。還相回向とは、先に亡くなった人が還ってくるという話ではありません。自分自身がこれから浄土に往生して仏になり、再びこの世界に還るということです。その往復コースに引きずり込まれていることを、今の自分が自覚させられて生きるということです。十方衆生利益というとてつもなく大きなアミダ仏の仕事に自分も組み込まれ、その仕事の一端を担うことを願われている。そのことを人間である親鸞さんが受け止め、それが現実の人間社会を生きる思想的根拠になったということです。

## 六　真仏土

■アミダ仏とは何か、なぜ真実なのか

●「つつしんで真仏土を案ずれば、仏はすなはちこれ不可思議光如来なり、土はまたこれ無量光明土なり」（『教行信証』）

○「つつしんで真実の仏とその国土を考えれば、真実の仏は不可思議な光の如来であり、真実の世界は無量に広がり照らさぬところがない光の浄土です」

真実の仏は不可思議光如来、つまりアミダ仏であり、真実の浄土は、アミダ仏の浄土であると示し、それはなぜそう言えるのかということを、経典や先達の論釈を引用しながら説いていきます。

すでに教行信証という四つのプロセスを通して、アミダという仏の成立から、十方衆生への働きかけ、信心として衆生の中に入り込み、本願力で浄土へ導き、大悲心を備えた仏として人間世界へ還相させるということが説かれてきました。ここではそれをさらにもう一度裏付けする意味で、アミダ仏とは何か、浄土とは何かが説かれます。何ゆえに真実であるのかという確認は、次の化身土文類で展開される真実でないもの、つまり人間社会の誤謬性を明確にすることにつながるわけです。

私たちは今、親鸞さんの丁寧な裏付け作業を読みながら、親鸞さんがアミダ仏や浄土を、どのようなものとして設定しているのかを読み取る必要があります。設定というのは、違う言い方をしますと、押さえ、あるいは確認です。どのようなものとして押さえているのか、確認しているのか、ということです。それらが、親鸞さんの現実的具体的思想を生み出す根拠になっていきます。

●「また解脱は名づけて虚無といふ。虚無はすなはちこれ解脱なり、解脱はすなはちこれ如来なり、如来はすなはちこれ虚無なり、非作の所作なり」(『教行信証』に引用された『涅槃経』)

○「悟りは執らわれを離れた無という。執らわれを離れた無が悟りである。悟りはすなわち如来であり、如来はすなわち執らわれを離れた無である。これは分別のはからいを離れたあるがままの働きのことである」

『涅槃経』の言葉を多く引用しながら、涅槃とは何か、仏とは何かを説いていきます。

仏教の求める最終的な状態が涅槃寂静です。サンスクリットのニルバーナは、煩悩の火が吹き消された状態を言いますので、執着がその根元から完全に無くなった状態です。ですので、これらの経典に出てくる、自然、虚無、無極、解脱、などはすべて涅槃の状態を表す言葉です。そうなったものが如来、仏であると言うわけです。そして完全に執着を離れるということは、たとえば次のようなことになるのだと言います。意訳の要点のみ書き出します。

○「四つの楽を備えているので大涅槃と名づける。
一　さまざまな世間の楽を絶っている
二　煩悩を断ち切った完全な平安に至っている
三　あらゆる事柄の真実を見抜く智慧を得ている
四　その身が壊れることがない　　」（『教行信証』に引用された『涅槃経』）

つまり仏というものは、一つには人間の楽から離れている。この楽は証文類で出てきた三種類の楽のうちの外楽、欲望満足の楽です。その楽から離れているということは、それが得られない苦からも離れているということです。それは二の執着を離れた完全な平安を得ることになるのですし、それが三の智慧を持ったとき、自他一如の世界ですから、自らの平安を十方衆生と共有しようという願いを持つことになります。そしてそれは四で、永遠に崩れないものとして存在する、ということになるわけです。

まずはこの、執着を完全に離れた存在、そうであるがゆえに、十方衆生と平安を共有しようと願う存在を、アミダ仏と名付けたのだということを確認しておきたいと思います。

また『唯信鈔文意』には、「涅槃のことを滅度、無為、安楽、常楽、実相、法身、法性、真如、一如、仏性とも言い、仏性はすなわち如来です」と書いています。そしてこう言います。

○「その如来は、世の中の隅々の、十方衆生の心に満ちあふれてくださいます。衆生の心にアミダ仏の誓願が信心として入り込んでくださるので、この信心は仏性です。仏性は法性です。法性は法身です。法身は色もなく、形もありません。ですので、心で分かることも出来なければ、言葉で表すこともできません。ですからこの一如から形を現して、方便の仏として姿を現し法蔵と名のってくださったのです」（『唯信鈔文意』）

本来の仏というものは、色も形もないので、人間の心で分かるはずもなく、言葉で説明できるものでもないと言うのです。それで人間に分かるように姿を現してくださったのが法蔵であるという説明です。『仏説無量寿経』に書かれた法蔵菩薩の物語は、そうやって生み出されたものであると親鸞さんは押さえているのです。

## ■アミダ・プロジェクトの活動拠点、浄土

次に親鸞さんは、浄土と言う世界が、法性（真実そのもの）によって成り立っているものであるということを説きます。真実から生まれた法蔵菩薩の願いが成就して出来た世界であり、そのために大きな働きを持った世界であると。その働きとは、他の者を自分と同じ性質に変えて、自身は不変であるということだと説かれます。その例えに、次のようにあります。いずれも『浄土論註』からの引用です。

○「海は、そこに流れ込む水を海の水に同化し、海自身は変わらない」
○「人間は不浄であり、どんなに良い色・香り・美味しい物を食べても不浄になる」

それと同じように、

○「浄土に往生した者は、不浄の身も不浄の心もない。そこでは必ずみんな清浄平等無為法身を得る。それは、浄土という世界が、清浄の性質を成就しているからである」

「清浄平等無為法身」。煩悩から完全に離れた、清浄で平等な真実そのものの仏、のことです。人間であるときはどんなに煩悩まみれの者であっても、浄土に連れられていくことによって真実の仏になり、そこでは煩悩は完全に消え、代わりに清浄で平等な心と働きを持つ仏になるのだと言うのです。この理屈は逆向きに言い直すと、アミダ仏の目から見れば、どんな状況に置かれた人間であれ、いずれ浄土でまったく同じ清浄平等な仏になるべき身であるということです。このことは、親鸞さんが現実の差別的人間社会の中で差別を克服するための、大きな思想的根拠になったのです。

そしてここで、慈悲に三つの種類があることが説かれます。

●「慈悲に三縁あり。一つには衆生縁、これ小悲なり。二つには法縁、これ中悲なり。三つには無縁、これ大悲なり。大悲はすなはちこれ出世の善なり。安楽浄土はこの大悲より生ぜるがゆゑなればなり。ゆゑにこの大悲をいひて浄土の根とす」（『教行信証』に引用された『浄土論註』）

○「慈悲に三縁がある。一つには衆生縁、これは小悲である。二つには法縁、これは中悲である。三つには無縁、これは大悲である。この大悲は煩悩を離れた善である。アミダ仏の浄土はこの大悲より生まれたというわけであるので、この大悲が浄土の根本である」

衆生縁というのは、衆生という存在への執着から起こる慈悲のことです。つまり「あの人のことは放っておけない」というような人間の持つ心です。法縁というのは、法（真実）と出会って起こす慈悲です。つまり「すべての者に同じ思いを起こさなければならない」と気付く慈悲です。無縁というのは、真実そのものから自ずと生まれ起こる慈悲です。十方衆生に対して、何の差別もなく完全に平等に対等に、思いをかけずにはおれないという慈悲です。アミダ仏の心はこの大慈悲心であり、この大慈悲心が浄土の根本だと言うのです。ちなみに親鸞さんは、和讃で次のように言います。

●「小慈小悲もなき身にて
有情利益はおもふまじ
如来の願船いまさずは
苦海をいかでかわたるべき」（『正像末和讃』）

○「慈悲のかけらもない私ですから、苦悩する人々を助けることは思うはずもありません。アミダ仏の願いの船がおありにならなかったならば、苦しみの海をどうやって渡ることができるでしょうか」

ここで親鸞さんは、自分には先ほどの小慈悲（衆生縁の慈悲）もないと言っています。どこまでも自分自身に執着しているのが親鸞であると。それゆえに「有情利益」という思いは、自分の中からは生まれ出るはずがない。もしも、アミダ仏の本願の働きがなかったならば、自分はこの人間社会を問い返すことも出来ず、ただ苦悩を作り続けるだけで空しく終わるだろう、という言葉です。浄土の大慈悲心からの働きかけを受けるなかで、親鸞さんの中に大きな動きが生まれていることが読み取れます。ひとつは、自分の本性が自己執着心であり、慈悲のかけらもないという気付き。そして同時に、自分の生きている人間社会（苦海）の悲しみが見えてきて、そこをどうやって生き抜くかという問いが生まれているということ。親鸞さんにとっての慈悲とは、有情利益と同義であり、その仏の働きの世界へ、今自分が導かれているということであったのです。

■本願力の発起と持続

さらに親鸞さんは、『浄土論註』を引きながら、仏に成ろうと思わない者を浄土へ連れて行くのがアミダ仏の働きであるということを押さえています。そのことがなければ、自分たちの往生はありえないということです。

また、浄土の不可思議な働きには、二つの力があると説きます。一つは法蔵菩薩の煩悩を離れた善と本願の働きで、衆生を導く力が起こされたことであり、二つには、アミダ仏と成ってその衆生を導く力がよく保たれているということだと。

信文類のところで、地獄浄土の方向を示した図を掲げました。その図の中で、地獄（苦）へ向かう私に、その後方から力が掛けられ、反対の浄土（楽）という方向へ引っ張られるという矢印を描きました。その後方からの引っ張る力、本願力のことです。法蔵菩薩によってその働きが生み出され、アミダ仏によってそれが持続してこの私に掛けられていると言うのです。

●「本《もと》法蔵菩薩の四十八願と、今日の阿弥陀如来の自在神力とによりてなり。願もって力を成ず、力もつて願に就く。願徒然ならず、力虚設ならず。力願あひ符《かの》うて、畢竟じて差《たが》はず。ゆゑに成就といふ」(『教行信証』に引用された『浄土論註』)

○「もとの始まりである法蔵菩薩の四十八願と、今日現在のアミダ仏の自在な働きかけによるのである。願が力を成り立たせ、力は願にもとづく。願は無駄になることはなく、力は虚しく終わることはない。力と願とが合いかなって、最後まで食い違うことがない。そのゆえに完成されたと言うのである」

ここにある「本」と「今日」という言葉が象徴的です。本来そもそもの始まりは法蔵菩薩の願いであり、それが今日現在のこの私たちへのアミダ仏からの具体的な働きかけとして顕れているのだ、という言葉です。『仏説無量寿経』に説かれた物語が、単なる物語ではなく、今日現在の自分とこの人間社会を問い返すために説かれた大いなる根拠であることを示すのです。「願徒然ならず、力虚設ならず」。目の前に展開されている現実の人間社会の悲しさを見ながら、親鸞さんはそのことを強く受け止めていたのでしょう。曇鸞のこの言葉をピックアップし、深くうなずきながら『教行信証』に書き写した親鸞さんの気持ちが、よく伝わってきます。

## 七　化身土

### ■方便ということ

『教行信証』の最後の巻は、「顕浄土方便化身土文類」と表題が付けられています。教文類から真仏土文類までは、「顕浄土真実」であったのが、この巻だけ「方便」となっています。方便という言葉はサンスクリットのウパーヤが原語で、近づくという意味があります。人々を真実へ導くために、仮に、便宜的にとられる手段のことです。ですので、親鸞さんがこの巻で説いていることは、アミダ仏が衆生を真実の浄土へ導くために、仮に便宜的に示した教えということになります。

ただ、この化身土文類は本と末の二部構成になっていて、方便として説かれているのは本の部分です。末の部分では仏教以外の間違った教えが説かれており、これは真実でもなければ方便でもないわけで、偽の宗教として排斥すべきものとして説かれています。

親鸞さんは宗教を真・仮・偽の三つに分類しています。煩悩のままに偽の宗教に陥っている者たちを、真実の教えに導くための仮のものとして説かれたのが方便の教えです。

○「濁った世の中の者たち、煩悩で汚れた人間たちが、今仏教以外の間違った教えから抜け出し、さまざまな仏教の門に入ったと言っても、真実の教えに至る人ははなはだ少なく、虚偽の教えに至る人ははなはだ多いのです。それでシャカムニ仏は福徳蔵という善を積んで往生する道を説いて人々を導き、アミダ仏はその本である誓願を起こしてあらゆる人々を導いているのです」(『教行信証』)

人間が煩悩のままに動いて向かう先が、欲望を満たそうとする仏教以外の外道です。その間違いに気付いてそこを離れ、仏教に向かおうとします。しかしそのほとんどは真実の教えに行き着くことは出来ずに、虚偽のものに陥ってしまうというのです。それでブッダは、その人間たちのために、仮の、取り敢えずとっつきやすい道を用意してくださったというわけです。それが、善いことを行えば善い結果を得られるだろうと考える道であったと。そしてその裏では、何としてでもすべての者たちを浄土へ導きたいという、アミダ仏の大きな願いがしっかりと支えているのだというのです。

## ■三段階ステップ

高いところに上がるために用意されるのが階段です。ステップです。今、私たちに勧められる仏教の目的は、アミダ仏の願いの働きに出会って、アミダ仏の浄土に往生することです。そのことを通して、自分自身と人間社会が照らし抜かれることです。この、人間が相対化されていく教えというのは、すでにお話して来ましたように、本能を抱えたままその本能の有り様を問い返すということであって、難中之難であるわけです。それで、そこに至りつくために、階段を用意しようというのが方便です。

アミダ仏の浄土に往生するステップの話の前に、それ以前の仏教について触れておかねばなりません。アミダ仏の浄土へ往生する仏教を浄土門と言うのに対して、聖道門と言われる仏教があります。自分がさまざまな修行を積むことによって、この世において悟りを開こうとする仏教です。親鸞さんは、こんな言葉を引用しています。

〇「『大集経』にはこうある。『この末法の時代には、どれほど多くの人が仏道修行に励んだとしても、いまだに一人も悟りを得たものはない』と。今は末法であり五濁悪世である。ただ浄土の一門だけが、悟りへ至ることのできる道である」（『教行信証』に引用された『安楽集』）

すでにブッダの時代ではなく、末法の時代だと。自分の修行で悟りが開けることはありえないというのです。親鸞さんの時代状況で言えば、具体的には天台宗や真言宗などの仏教がそれにあたります。親鸞さん自身も比叡山に身を置きながら、そのことを実感していたわけです。そして今はその聖道門から離れて、唯一悟りに至る可能性の残る、アミダ仏の浄土を願う仏教に入ろうということだったのです。そこで、ステップの一段目が出てきます。

親鸞さんは、三段階のステップがあると説いています。

一段目は、今お話した聖道門から浄土門への入り口になります。先ほどの善を積むというステップです。善因善果、悪因悪果。善いことをすれば善い結果が生まれ、悪いことをすれば悪い結果が生まれる。この理屈は誰にでも理解でき、受け入れることのできることだろうと思います。自らが努力して善を積むことによって、アミダ仏の浄土へ往生しようという道です。

○「その要門というのは、この『観無量寿経』にある定善と散善の二つの道である。定善とは、心を乱さず集中して浄土の姿を観ずることである。散善とは、心を集中せずに悪い行いをやめて善い行いをすることである。この二つの行を修めることで浄土往生を願い求めよということである」（『教行信証』に引用された『観経疏』）

心を集中出来る者は、その心で浄土を観なさい。心が集中できない者は、悪いことをやめて善いことを行いなさい。それを努力して浄土に往生しようと思いなさい。そういう道があるというのです。しかし、ではその道で本当に浄土に往生できるのかと聞けば、次のように言われるのです。

○「しかし常に迷いの中に沈んでいた愚かな凡夫は、定善の行ができません。なぜならそれは心を集中して浄土を観ずる行だからです。また散善の行もできません。なぜならそれは、悪い行いをやめて善い行いをすることだからです。仏や浄土の相を集中した心で観ずることができないのですから、『観経疏』には『たとえ千年の寿命を尽くしても、真実を見る眼は開かない』と言うのです。ましてや、仏や浄土の姿を見ることを省いて直接真実そのものを見ることなど、ありえないのです。ですから『観経疏』には『シャカムニ仏ははるか昔から、末法時代の凡夫のことを知っておられて、仏や浄土の姿を観じて心を集中することも出来ず、ましてや直接真実そのものを観ようとするのは、神通力のない者が空中に家を建てるようなものだ』と言うのです」

(『教行信証』)

道としてはある。けれども、常に迷いの中にいた煩悩まみれの人間にとって、それは無理だと言うのです。心を集中してアミダ仏や浄土の姿を観ることも出来なければ、悪いことをやめて善いことを行うことも出来ません。『般舟讃』の「食事を一回する間にも、煩悩はおこる。どうして一万劫もの間、むさぼりや怒りをおこさずにいられるか」という言葉を、親鸞さんは引用しています。ブッダはすでに末法時代の人間のことをよく知っていて、ありえない道として説いているというのです。

では、どうしてそもそも無理な道を説くのでしょうか。親鸞さんはこう言います。

○「これらは人間が各々自分が仏になろうとする自利の心であって、十方衆生を利益しようとするアミダ仏の利他の心ではありません。これらは、アミダ仏の心とは異なる方便の道であって、シャカムニ仏が浄土を願い慕わせるために用意した道なのです」（『教行信証』）

つまり、未だアミダ仏との出会いがない人間に対して、アミダ仏とその浄土の存在を教え、それを自分の生きる拠り所とすることを願わせるきっかけにしてもらうために、善を積むという道をブッダが用意したのだ、と言うのです。このステップを越えて、アミダ仏の浄土へ近づいてほしいと言うのです。

次の段階として説かれるのが、一生懸命念仏を称えることで往生しようとする道です。

○「善本とは、アミダ仏のすぐれた名号のことです。この名号はあらゆる善をまどかに備えていて、すべての善い行いの本であるので、善本というのです。徳本とは、アミダ仏の徳のある名号です。この名号は一声称えるとき、最高の徳が満ちみちてあらゆる罪が功徳に転ずるので、あらゆる仏たちの徳の名の本であり徳本というのです。それでシャカムニ仏は、功徳蔵という念仏を称える功徳で浄土に往生する道を開いてくださり、濁世の衆生たちを導いてくださるのです。アミダ仏はその本となる願を起こして、あらゆる迷いの者たちを引き入れようとしてくださるのです」（『教行信証』）

しかしながら、これもまた方便の道だと言います。なぜならば、アミダ仏の名号はアミダ仏の働きで生まれ、アミダ仏の意思で機能しているものです。それを人間が、自分のもののように自分の意思で称えるということは間違いだと言うわけです。

○「大乗や小乗の聖者たちも、すべての善人も、本願の名号を自分の善い行いとして称えているので、他力の信を得ることが出来ず、アミダ仏の智慧の働きを受け止めることが出来ないのです。それはアミダ仏が浄土往生の道を建ててくださった因を知ることが出来ないということであり、浄土に生まれることはないのです」(『教行信証』)

アミダ仏の願いが込められた南無阿弥陀仏という名号の存在を知ってほしい、ということです。浄土への道。私たち人間が、浄土という真実の世界と出会い、それによって人間の現実が照らし抜かれていく。そのための大切な接点が、名号であるということを分かってほしいというブッダの願いです。

まずは人間の本性の上から自然に始めることのできる道。「私が、ナンマンダブを称える」という道を進んでほしいということです。そしてその中で、「ナンマンダブは、アミダ仏の意思であった」と気付いてほしいということなのです。自分の中にあるものは、あくまでも自己執着心であって、他の衆生の苦悩など問題になどなっていない、ということを知ってほしいと。その時、おのずと次の最終段階である他力念仏にうなずけるというのです。

もう一度整理しておきます。

煩悩のままに欲望を追求し、そのために命と命が対立し、苦悩を増幅し続ける。そのことの愚かさ悲しさに気付いて、それを乗り越える道を求めようとする。

ブッダの説いた仏教を知り、自らも修行を積むことで人間として完成されたものになりたいと思う。それを聖道門仏教と言った。しかし、ブッダ在世の時代ならいざ知らず、現実においては人間が己の本能をコントロールすることは困難であり、挫折するに至る。

その者たちのためにブッダが説いた道が、アミダ仏の浄土へ往生し、そこで仏になるという道だった。それを浄土門仏教と呼んだ。自らの努力修行、善を積むことを通して、浄土への往生を願えと。しかしながら、人間はすでに、心を集中することもできず、悪をやめて善を行うことも出来なかった。

その者たちのために説かれた道として、ひたすら念仏を称え、それによって浄土へ往生する道が与えられた。念仏は本来、アミダ仏の願いが込められアミダ仏の意思によって機能するものであった。そのことに気付かなくても、まずは自分の善として称えてほしいと。そしてその中で、少しずつ本当のことに気が付いてほしい。アミダ仏の視線を感じ、その中で自分自身と人間社会の現実が見抜かれていることが分かるはずだと。それによって最終的には、アミダ仏の大きな願いの働きに出会い、そこから現実の自分と人間社会が見抜かれ、問われ、考えさせられ、そしてうなずかざるを得ない身にさせられる。

そこに至るまでに、ブッダは実にさまざまな手だてを説かれたというわけです。親鸞さんは多くの経典や論釈を引用しながら、それら方便の教えを詳述しています。そしてそれらはひとつ残らず、アミダ仏の十方衆生を必ず導きたいという願いによって裏付けされたものであり、最終的にはその願いを成就するためのものであったというのです。

## ■浄土の牢獄

さて、ややこしくなりそうなので保留していましたが、表題にある化身土についてです。真仏真土に対して、化身化土が説かれます。真仏土文類の終わりに次のように書いています。

●「仮の仏土の業因千差なれば、土もまた千差なるべし。これを方便化身化土と名づく。真化を知らざるによりて、如来広大の恩徳を迷失す」（『教行信証』）

○「仮の仏土に往生する人の因はさまざまなので、その仏土もまたさまざまです。これを方便の化身・化土と言います。真実と方便の違いを知らないことによって、アミダ仏の広大な恩徳を迷い失ってしまうのです」

アミダ仏とその浄土があり、それに対して、アミダ仏が方便として現わした姿があり、方便として示した浄土があるということです。その方便として現わした仏身は、『仏説観無量寿経』に説かれている、心を集中させて観ることができるアミダ仏の光の姿だと言います。そして方便としての浄土は、懈慢界《けまんがい》とか、疑城胎宮《ぎじょうたいぐう》などと呼ばれています。この方便化土について、親鸞さんはとても多くの解説を残しています。それだけ重要な意味があるからです。言ってみれば、浄土とは何か、往生とは何か、私たちは何のために往生するのか、何のために仏に成るのか、いったい仏教とは何か、何のためにあるのか、何が目的か、などなど極めて本質的な部分にかかわる事柄を含んでいるのです。

親鸞さんが拠り所としたのは『仏説無量寿経』の次の一節です。

●「もし衆生ありて、疑惑の心をもつてもろもろの功徳を修してかの国に生れんと願はん。仏智・不思議智・不可称智・大乗広智・無等無倫最上勝智を了らずして、この諸智において疑惑して信ぜず。しかるになほ罪福を信じ善本を修習して、その国に生まれんと願ふ。このもろもろの衆生、かの宮殿に生まれて寿五百歳、つねに仏を見たてまつらず、経法を聞かず、菩薩・声聞の聖衆を見たてまつらず。このゆゑに、かの国土においてこれを胎生といふ」（『仏説無量寿経』）

○「もし衆生が、疑いの心をもってさまざまな功徳を修行し、浄土に生まれようと願うとしよう。さまざまな仏の智慧を理解せず、疑って信じない。それでいて悪い結果をおそれ福を得るために念仏の善を積んで浄土に生まれたいと願う。これらの衆生は、浄土の宮殿に生まれて五百年の間、アミダ仏を見ることができず、その教えを聞くこともできず、聖者たちを見ることもできない。こういうわけで、これを胎生というのである」

ここに仏智を疑惑するということが出てきます。先ほどの三段階ステップの二段目、つまり自力念仏のところで、念仏を自分の善の行いとして称えるということが出ていました。本当はアミダ仏の意思でアミダ仏によって機能している念仏を、自分のものであるかのように勘違いしている姿です。それは、アミダ仏の働きを受け止めていないということであり、うなずけていないということであり、疑っているということに他なりません。それはなぜかというと、自分に執着している愚かさに気付いていないからです。それが、仏智疑惑ということです。この言葉も、親鸞さんは何度も何度も使っています。おそらく自分自身の過去の姿として、強くうなずくところがあったのだろうと思います。

そしてこの仏智疑惑の者が念仏を称えて浄土往生を願うと、その行き着く先、往生する場所は、本来の浄土ではなく、浄土の極一部に過ぎない宮殿の中なのだと言うのです。しかもそこに入ると、五百年の間出ることができず、アミダ仏とも出会えず法も聞けない状態が続くのだと説かれています。

●「不了仏智のしるしには
　如来の諸智を疑惑して
　罪福信じ善本を
　たのめば辺地にとまるなり」（『正像末和讃』）

○「仏のお心をはっきりと承知できていない人のしるしとして、アミダ仏の諸々の智慧を疑い、人間の善悪の行いによって罪や福が起こると信じて修行し、その結果として真実の浄土ではない『辺地』という所に留まるのです」

この和讃では、往生する場所を辺地と表されています。他には、先ほどの懈慢界や疑城胎宮、七宝の獄、七宝の宮殿、含花未出、などいろんな表現がされています。いずれも本来の浄土そのものではなく、外見は美しいけれどもとても狭い場所で、そこでは拘束されて身動きが取れず、長い年月を無駄に過ごさなければならない、そんな状態を表しています。親鸞さんはこの和讃から始めて、仏智疑惑についての和讃を二十三首書き連ねています。そしてその最後に、「以上二十三首、仏不思議の弥陀の御ちかひをうたがふつみとがをしらせんとあらはせるなり」と記しています。仏を疑うことはなぜ罪であり咎であるのでしょうか。その親鸞さんの強い思いの内を知らねばなりません。

■浄土往生の目的の確認

●「仏智不思議をうたがひて
善本徳本たのむひと
辺地懈慢にうまるれば
大慈大悲はえざりけり」（『正像末和讃』）

○「アミダ仏の智慧のまことであることを疑って、自分で善を積もうと念仏を称える人は、浄土の辺地懈慢に生まれることになるので、仏としての大慈悲心を得ることはないのです」

辺地懈慢に生まれたのでは、大慈悲心を得ることができない。つまり真実の仏になることができないと言うのです。仏になれないということは、仏としての働きも何も始まらないということです。

●「　七宝の宮殿にうまれては
　　五百歳のとしをへて
　　三宝を見聞せざるゆゑ
　　有情利益はさらになし　」（『正像末和讃』）

○「七宝の宮殿に生まれてしまうと、五百年という時間の間、仏の教えと出会うことが出来ないので、有情利益という仏の働きに入ることはありえないのです」

「有情利益はさらになし」。この一点において、親鸞さんにとっては、この方便化土への往生はまったく意味を持たなかったのです。いえ、意味がないどころか、それは大きな過ちであり、アミダ仏に対する罪であると言うのです。

すでに何度もお話ししてきましたように、親鸞さんにとっての浄土往生の目的は、大慈悲心をもった仏になることですし、それはひとえに衆生利益という仕事に従事するということであったのです。浄土へ行く往相回向とは、必ずそれにともなう還相回向がセットになっていることでした。この人間社会に還って、苦悩の衆生を利益する働きに就く。そのことが、仏になるということですし、そうであればこそ、人間親鸞において大きな頷きを生み出した、浄土往生の意味であったわけです。

●「
如来の回向に帰入して
願作仏心をうるひとは
自力の回向をすてはてて
利益有情はきはもなし
」（『正像末和讃』）

○「アミダ仏の働きにうなずき帰依して、願作仏心を与えられた人は、『自分が善を積む』という勘違いを捨て切ることになるのですし、それによって真実の浄土往生をえて、有情利益という仏の仕事も存分にできるようになるのです」

『仏説無量寿経』の中で、ブッダは弥勒菩薩にこう言います。「仏智を疑惑して修行を途中でやめ、自分で罪とがを作って辺地の七宝の宮殿に生まれ、五百年の間さまざまな厄を受けるようなことがないようにしなさい」と。

方便化土への往生は、仏になる本来の目的が何一つ成り立たないということであり、それは厄であると。そうなってしまっては、仏教と出会った意味は何もなくなる。それに気付いたならば、すみやかに「自力の回向をすてはて」るべきであると説くのです。

●「まことに知んぬ、聖道の諸教は在世・正法のためにして、まつたく像末・法滅の時機にあらず。すでに時を失し機に乖《そむ》けるなり。浄土真宗は在世・正法・像末・法滅・濁悪の群萌、斉《ひと》しく悲引したまふをや」（『教行信証』）

○「まことに知ることができました。聖道門の仏教は、ブッダ在世の時と正法時代のためのものであって、像法末法やその後の法滅の時代や人間のためのものではないのです。すでに聖道仏教の時代は終わり、今の人間には合わなくなってしまいました。浄土を説く真実の教えは、在世・正法・像末・法滅・濁悪の人々を問わず、等しく慈悲をもって導いてくださるものなのです」

浄土往生を説く真実の教えとは、時代を問わず、人間の質の良し悪しを問わず、十方衆生をすべて必ず真実へ導くという教えでなければならない。親鸞さんはそう押さえています。法蔵菩薩の願いに始まり、アミダ仏の働きとなって展開している真実の仏教。それを確実に実践し結果を出すために、シャカムニブッダはさまざまなアイデアを巡らし工夫を凝らしてくださった。それが、人間の現状に沿うように示されてきた多くの方便の教えであると。そして今現在、この親鸞はその方便の仏教に導かれながら、ついに真実のアミダ仏の働きに出会うことができた。そのことを大きな喜びをもって説くと同時に、未だ方便の段階にとどまっている現実の仏教界に、しっかりと強いメッセージをアピールしたい。そんな思いが、この化身土文類の前半には綴られているようです。

■「内心外道」という仏教批判

『教行信証』の最後の巻になる化身土文類の末で、親鸞さんは外道（仏教以外の宗教）批判を展開します。外道というのは、人間がその本能的本性ゆえに陥っていく宗教です。つまり、人間の中から自然発生してくる宗教であり、欲望を追求しようとする宗教です。それは仏教の目から見れば、人間苦悩の増幅装置のようなものです。当然それに対しては、批判的立場に立つことになります。

●「それもろもろの修多羅によつて、真偽を勘決して、外教邪偽の異執を教誡せば」（『教行信証』）

○「さまざまな経典によって、真実の教えと虚偽の教えを区別して明らかにし、仏教以外の邪偽なる間違った考えを教え戒めれば」

そう前置きして、さまざまな経典を引用しながら、仏教を学ぼうとする者は、仏法僧に帰依するのみで、それ以外のものには帰依しない。天や神を拝まないし、日の良し悪しなどの占いにも迷わない、ということなどが延々と説かれます。

引用される経典に登場する外道はインドの神々や中国の道教などですが、親鸞さんの意識に上っているのは、言うまでもなくこの国における神祇信仰です。第一章でも触れたように、普遍宗教に立つということは、必然的に民族宗教を相対化していくことになります。普遍宗教がある民族に伝えられ、そこに根付こうとするとき、自ずと既存の民族宗教との習合が始まります。この国においても、本地垂迹という神仏習合が広まりました。親鸞さんの当時は、すでにそれが常識として定着していました。この国の政治体制が、神祇信仰（神道）に立脚するものであり、仏教教団も当然それを支えるものとして存在していたわけです。逆に言えば、本来の普遍宗教として世俗を相対化する仏教は存在せず、すでに民族宗教化した仏教にあらざる「仏教」しか存在していなかったということです。

●「
五濁増のしるしには
この世の道俗ことごとく
外儀は仏教のすがたにて
内心外道を帰敬せり
」（『正像末和讃』）

○「五濁が増えてきた証拠には、この世の仏道を求める人もそうでない人も、ことごとく皆、外面は仏教の姿をしていますが、内心では外道を信仰しています」

●「　かなしきかなや道俗の
　良時吉日えらばしめ
　天神地祇をあがめつつ
　卜占祭祀つとめとす　」（『正像末和讃』）

○「まことに悲しいことであるのは、仏道を求める人もそうでない人も、時刻の良し悪しを選び、日の良し悪しを選び、天の神や地の神をあがめながら、占いやお払いを日々の勤めとしていることです」

当時の僧俗の「ことごとく」が、仏教の姿をしながら、神祇信仰を日常的「つとめ」にしていることを指摘し、それを悲歎しています。神祇信仰を丸呑みしている仏教は、はたして仏教と言えるのか、ということです。親鸞さんは「内心外道」と言い切っています。そのようなものは、とても仏教とは言えない。仏教の格好をしているだけだと嘆くのです。

●「　末法悪世のかなしみは
　　南都北嶺の仏法者の
　　輿かく僧達力者法師
　　高位をもてなす名としたり　」（『正像末和讃』）

○「末法の悪い世の中になった悲しみは、南都北嶺の『仏法者』の乗る輿をかつぐ僧たちや力者法師の有り様で、僧や法師を高い位の者をもてはやす名前としていることです」

●「以上十六首、これは愚禿がかなしみなげきにして述懐としたり。この世の本寺本山のいみじき僧とまうすも法師とまうすもうきことなり」（『正像末和讃』）

○「以上十六首。これは私愚禿の悲しみ嘆きでありますので述懐としました。この世の本寺本山の勝れた僧という者も法師という者も憂きことです」

ここにある「本寺本山」とは、多くの末寺を抱えた大きな寺のことであり、この和讃にある「南都北嶺」、すなわち興福寺や延暦寺などを指しています。そしてそこに所属している位のあるような僧たちも、「うきこと（心悩ますこと、つらいこと）」であると嘆くのです。

この和讃の前後にも、「僧ぞ法師のその御名は　たふときこととききしかど……いやしきものになづけたり」「僧ぞ法師といふ御名を　奴婢僕使になづけてぞ」「法師僧徒のたふとさも僕従ものの名としたり」という言葉を書いています。僧や法師という「名」に対するこだわりがあるようです。本来それは尊いものであるはずだと。ところが現実には「高位」ある者の僕《しもべ》になってしまったという嘆きです。高位ある者というのは、世俗的な権威や権力を持つ者のことです。裏返して言えば、本来僧というものは仏の価値観を拠り所に生きる者であって、世俗的な権威や権力とは一線を画し、そのようなものからは独立した存在であったはずである、ということなのです。

化身土文類末に引用された次の二文に、その対比を見ることができます。

●「知るべし、外道の所有の三昧は、みな見愛我慢の心を離れず、世間の名利恭敬に貪着するがゆゑなり」（『教行信証』に引用された『大乗起信論』）
○「知るべきである。仏教以外の心の営みは、どれもみな、邪見や執着心、慢心を離れたものではなく、世間の名誉や利益、尊敬されたいという思いにとらわれたものであるためである」

●「出家の人の法は、国王に向かいて礼拝せず、父母に向かいて礼拝せず、六親に務へず、鬼神を礼せず」（『教行信証』に引用された『菩薩戒経』）

○「出家した人の規則は、国王を礼拝しない、父母を礼拝しない、親族に仕えない、鬼神を礼拝しない」

『大乗起信論』の引用文で、外道とは何かを言おうとしています。外道とは、自分自身の煩悩に執着し、世俗の名利恭敬に執着することであると言うのです。それはちょうど、親鸞さんの言う「念仏称える者のしるしは、この人間社会の悪しきことを厭い、自分自身の悪しきことを厭うことです」（親鸞消息）という言葉の裏返しで、世俗の価値観に埋没している姿です。

そして『菩薩戒経』の引用では、仏教に立とうとする者は、世俗のあらゆる権威権力に従属しないということだと主張します。「国王」とは、国家、あるいは国家権力、あるいは政治権力、あるいは力で他者を従えようとする者、などの意味です。また「父母」「六親」は、血縁への執着を言っています。そして「鬼神」とは、人間の迷いが生み出した欲望追求の神々、あるいは畏れを抱かせて精神を縛ろうとする神々のことです。仏教を己の拠り所として生きようとする者は、それらとは明確に決別し、独立し、解放されるのだということを、この一文は示しています。

僧というものは本来、そのような意味で尊い存在であるはずだと言うのです。それが先ほどの南都北嶺の僧たちのように、今ではまったく崩れてしまっているではないかと嘆くのです。

■必然としての弾圧

親鸞さんが「南都北嶺」や「本寺本山」を厳しく批判する裏には、一連の専修念仏弾圧があったことは言うまでもありません。神祇信仰による祭政一致体制を政治基盤とした権力と、それと何の矛盾もなく融合していた旧仏教界。そういう状況の中での、法然親鸞による専修念仏の提唱。唯一アミダ仏の本願のみを拠り所に生きるという彼らの仏教は、神祇に対して厳しい一線を引きました。そのことが、政治権力と旧仏教界の反発を招くのは必然でした。承元の法難を初めとする激しい弾圧をこうむりました。そのことについては、先に出した本で詳述しましたので、ここでは省略します。

アミダ仏の本願を仰いで生きるということが、煩悩によって成り立つ世俗社会から徹底して弾圧される。そのことを通して、念仏の真実性ということをより一層強く認識させられたのです。同時に、旧仏教界の非仏教性を思い知らされることになりました。

●「ひそかにおもんみれば、聖道の諸教は行証久しく廃れ、浄土の真宗は証道いま盛んなり。しかるに諸寺の釈門、教に昏くして真仮の門戸を知らず、洛都の儒林、行に迷ひて邪正の道路を弁《わきま》ふることなし。ここをもつて興福寺の学徒、太上天皇後鳥羽の院と号す諱《いみな》尊成、今上土御門の院と号す諱為仁、聖暦承元丁卯の歳、仲春上旬の候に奏達す。主上臣下、法に背き義に違し、忿りを成し怨みを結ぶ。これによりて、真宗興隆の大祖源空法師ならびに門徒数輩、罪科を考へず、猥りがはしく死罪に坐《つみ》す。あるいは僧儀を改めて姓名《しょうみょう》を賜うて遠流に処す。予はその一つなり。しかればすでに僧にあらず俗にあらず。このゆゑに禿《とく》の字をもつて姓とす」（『教行信証』）

○「私なりに考えてみると、聖道門のそれぞれの教えは、行を修めさとりを開くことがすたれて久しく、浄土真宗の教えは、さとりを開く道として今盛んです。しかし、諸寺の僧侶たちは、教えに暗く、何が真実で何が方便であるかを知りません。朝廷に仕えている学者たちも、行の見分けがつかず、よこしまな教えと正しい教えの区別をわきまえていません。このようなわけで、興福寺の学僧たちは、後鳥羽上皇・土御門天皇の時代、承元元年二月上旬、朝廷に専修念仏の禁止を訴えたのです。天皇も臣下のものも、法に背き道理に外れ、怒りと怨みの心をいだきました。そこで浄土真宗を興してくださった源空法師をはじめ、その門下の数人について、罪の内容を問うことなく、不当にも死罪に処し、あるいは僧侶の身分を奪って俗名を与え、遠流に処しました。私もその一人です」

延暦寺や興福寺など当時の全仏教界を挙げての訴えでした。朝廷は死罪流罪を断行して法然の専修念仏教団を破壊しました。親鸞さんがそれによって受けた衝撃は、極めて大きかったに違いありません。おそらく流罪後の親鸞さんの生涯を通して、脳裏に張り付いていたのだろうと思います。「諸寺の釈門、教に昏くして真仮の門戸を知らず」。仏教とは何であるのか、それが分かっていない。とても厳しい言葉です。化身土文類本の終わりに、正像末の三時についての解釈があります。これは一二二四年（元仁元年）に出された延暦寺奏状に対する反論です。今はまだ像法の時代だと批判されたことに対して、延暦寺開祖最澄の『末法灯明記』を長文引用しながら、すでに末法であるということを論じています。その年代計算の基準点に、「わが元仁元年」とこの奏状が出された年を出しています。強く意識していたことがうかがえます。

この『教行信証』後序では、旧仏教と朝廷に対する厳しい批判文の記述があり、それに続いて自分と法然との出会いが語られています。二十九歳のときに師と出会い、それまでの仏教を捨てて本願に帰依した。法然のもとでその著書を写させていただき、肖像まで描かせていただいた。また師の直筆で名前や言葉を書いていただいた。それらのことを感慨深く思い起こしながら書き記し、「悲喜の涙を抑へて由来の縁を註す」と結んでいます。

この一連の記述を読むとき、親鸞さんが『教行信証』という大きな著書に取り組んだ動機が伝わってくるように思います。自分の人生を決定付けた人物は、まぎれもなく師法然であり、自分の人生において最も強い衝撃を受けたことは、その師の教えが世俗権力と仏教界によって叩き壊されたことであったと。そのことを何としてでも明確に論証し、残さねばならない。それが自分にとっての最大の仕事であり、責任であると。『教行信証』の全体が、そのような強い思いで書き綴られたに違いありません。

●「真言を採り集めて、往益を助修せしむ。いかんとなれば、前に生れんものは後を導き、後に生れんひとは前を訪へ、連続無窮にして、願はくは休止せざらしめんと欲す。無辺の生死海を尽さんがためのゆゑなり」（『教行信証』に引用された『安楽集』）

○「真実の言葉を集めて往生の助けにしたい。なぜならば、先に生れた者は後の者を導き、後に生れた者は先人を訪ね、どこまでも連続して途中で休んで止まることがないようにしたいからである。それは、どこまでも広がる迷いの人々が、すべて必ず救われるためである」

# 第三章　歴史的主体の確立

## 一　仏教と社会

### ■「信心の社会性」

かつて本願寺派では、基幹運動という信心回復運動がありました。僧侶も門徒も「名ばかり」になってしまったので、もう一度内実を取り戻そうということでした。しかしながら本願寺の念仏理解は、その成立時点ですでに親鸞さんの念仏とは明らかに異質でした。そのことを問わずに、何をか言わんやです。

覚如による本願寺の成立は、世俗権力に擦り寄ることで自らの足場を確保しようとするものでした。権力から弾圧をこうむり解散させられた、法然親鸞とは正反対の立ち位置になります。念仏は当然別物とならざるを得ず、とくに神祇不拝の放棄と真俗二諦という決定的な違いを持ちました。真俗二諦という言葉は後のものですが、この時点では仏法王法という言葉で語られました。念仏は精神の内面のものであり、現実の社会生活は世俗の価値観に従うというものです。念仏というアミダ仏から押し付けられてくる真実の働きかけは、心の内面で喜ぶための道具と化し、それによって人間社会が問われてくるということはなかったのです。人間社会の苦悩の現実は、「信心」の課題にはならなかったのです。

本願寺派の基幹運動では、平和や差別というテーマが設けられました。それまでそういった社会問題が取り上げられることがなかったので、これからは積極的にそれらを研修テーマとするということでした。そこで言われたのが「信心の社会性」という言葉です。これまでの浄土真宗には信心の社会性がなかった。だから、戦争に加担し差別を助長するようなことになったのだと。これからは信心の社会性を持って、それらに取り組むと。そんなことを、教団挙げて掲げていたのです。自分たちが戦争を行い、教団内にさまざまな差別構造を持ったことの原因を、社会性がなかったと認識している時点で、真俗二諦が何ら問われていないということを自ら示しているのです。

人間が生きている以上、それは社会的存在以外の何ものでもありません。社会の中で生きている以上、社会性を持たないということはありえません。必ず何らかの社会性を持って存在しているわけです。覚如は、廟堂留守職という自らの地位を確保するために、世俗の最高権力であった院を頼ろうとする社会性を持っていました。蓮如は、下克上という時流に迎合しながら、教線拡大を図ろうとする社会性を持ちました。幕藩体制においては、その下に組み込まれることに甘んじ、民衆管理の一端を担うという社会性を持ちました。明治期においては天皇政権に同調し、その後の戦争の時代においては、まさしく戦争教団とも言うべき社会性を持って、多くの門徒を戦場に送り出しました。そして戦後は、自らの戦争責任も明確に問えないまま、ひたすら教団の維持存続を願うという社会性を持っているわけです。本願寺教団としての「信心の社会性」は、しっかりとあったのです。それらを社会性と捉えることができないということは、無自覚的に社会に流されてきたということです。社会とは切り離した「信心」という戯れの中にいたということです。その基幹運動すら、「本来の念仏のご安心」とは違うという強い主張に押されたのでしょうか、すでに廃止されています。

　第二章で親鸞さんの念仏の理論的な概要を見てきました。それらのすべてが、自分個人の心の内面で喜ぶためのものであるというのが、本願寺の念仏理解です。本書でくりかえしお話していますように、苦悩の衆生、十方衆生を利益するというのが、仏教の目的です。それを見失ったものは、すでに仏教ではありません。そのことを確認して次に進みたいと思います。

## ■仏教にとって社会とは何か

society ソサエティーの訳語として社会という語が使われ始めたのは、明治になってからだと言います。もとより社会とは何かについて論じることなど、私にはできません。ただ、仏教という教えにもとづいて生きるということを、この言葉を使って表現してみたいと思っています。

社会という言葉にはいろいろな使い方があるようです。しかし一般的には、「同じ空間に人々が集まっている状態。人々の集まり。その人々の結びつき」。あるいは「世の中。世間」という意味合いで使われていると思います。私が現実に生きている場所、空間、人間関係、力関係、それらを社会と言ってよいと思います。そして、その私の生きるということが、仏教というものによって支えられているとすれば、仏教は人間が社会を生きるということに関わっている、と言ってよいはずです。

仏教にとって社会とは、どういう位置づけになるのでしょうか。従来から、仏教というのは人間個人の救いの話であって社会の問題ではない、という考え方がまかり通ってきました。先ほどの本願寺の仏教理解も大きく影響していますが、それ以前に、あくまでも自己執着心から離れられない人間にとって、自己執着を問うこと自体が難しいためです。そのため自分個人の楽を求めることに陥り、社会全体の楽など問題にもならなかったのです。第一章でお話した、仏教の抱える自己矛盾です。まずはその、執着心を離れるということから、仏教における社会というものを考えてみたいと思います。

四法印。ブッダが悟って説いた、四つの真実の印です。

一つには諸行無常。行とはつくられたものという意味です。あらゆるつくられたものは、時間の経過とともに生滅変化するものであり、不変であるものは何もないと。はかなく寂しい、という情緒的使われ方がされがちですが、常に変化するものに執着する愚かさを教える道理です。

二つには諸法無我。我とは変わることのない実体を言います。世の中のあらゆる事物は、因縁によって生じているものであり、不変である実体そのものは何もないと。さまざまな原因と条件が関係する中で、今たまたまそういう状態が結果として存在しているにすぎない。その条件や関係の在り方が変われば、その結果もまた自ずと変わる。終始一貫して変わらないものがそこにあるのではない、という縁起の道理です。

三つには一切皆苦。迷いの世の中の一切は苦であると。無常を無常と認識できず、常だと思い込み、無我を無我と認識できず、何かしら実体があるかのように執着しているのが私たちです。そのために、現実の状況と自分自身の思いにギャップが生じ、それが私たちの苦になります。

四つには涅槃寂静。真実の楽とは、私たちが我執を離れ、無常を無常と、無我を無我と受け止めるところにあるのだと。

四諦。四つの基本的な真実。一つには苦諦。この世の中は一切が苦であると。二つには集諦。苦の原因は、煩悩、執着心であると。三つには滅諦。執着を断ち切ることが、苦しみを滅した悟りの境地であると。四つには道諦。悟りに至るためには八正道という実践が必要であると。

どちらもブッダの仏教のもっとも根源的な教えです。ひと言で簡単に言ってしまえば、人間の現実は苦であり、その原因は執着であり、その解決は執着を離すことである、ということです。苦が解決された状態が楽であり、悟りです。

第二章の五で、『教行信証』に引用された曇鸞の「楽に三種あり」という言葉を紹介しました。もう一度、項目だけ掲載しておきます。

一　外楽……欲望が満足したときの楽。
二　内楽……欲望から離れて、心が集中して乱れない楽。
三　法楽楽……仏の智慧を根拠とし、自己執着心から完全に離れた、十方衆生共有の楽。

仏教が説く真実の楽とは法楽楽であり、十方衆生共有の楽であるということ。そして仏教で言うところの苦とはその裏返しであり、自己執着心を離すことができず、十方衆生へ心が広らないという苦しみであると書きました。親鸞さんは証文類において、『浄土論註』を長文引用しながら、仏になるとはどういうことであるのかを詳述しています。そこで繰り返し語られるのが、一切衆生、十方衆生ということです。一切衆生の苦を抜き、一切衆生に楽を与える。仏というものはそういう存在であると。

親鸞さんの仏教のキーワードは十方衆生です。

私という人間にとって、十方衆生とは何でしょうか。誰のことでしょうか。どこにいるのでしょうか。そのことを抽象的な漠然とした概念でとらえるのではなく、できるだけ具体的に現実的に押さえていく必要があるのです。そしてその作業は、自分に執着して生きている私たちにとっては、強く意識しなければ始まらないことなのです。私にとっての十方衆生とは、もちろん私の身近な人たちであり、広くは世界に存在する大勢の人々であり、さらには人間以外の生物をも含めた地球上のあらゆる命です。そう口にすることはいとも簡単です。しかしながら、それらを自分と対等な関係として並べるということになると、そう簡単ではありません。少なくとも私にとってはそうです。

私という一個の人間から周囲に広がる命の関係。執着する心からは、それが広がりません。自分に執着すれば身近な者へも広がりません。自分の国に執着すれば他国の人々には広がりません。あらゆる執着を離していって、最終的に広がり切った命の関係が十方衆生です。今私たちが問題にしようとしている「社会」というものは、そのことです。
仏教はその原初から、十方衆生を扱うものであり、社会を扱うものです。そこで見えた人間の苦とは、人間が自分という一個の存在に執着するがゆえに、その人間どうしの関係が壊れるということです。対等であるべき関係が壊され、力による強弱関係、上下関係、差別関係、支配被支配関係、対立関係に陥るということです。苦悩の衆生とは、その対立関係から生み出されるものです。社会的苦というべきものです。

もちろん自分という一人の人間の身において生じる苦もあります。例えば生老病死がそれだと考える人もいると思います。若いままでいたいのに老いる。健康でいたいのに病気になる。生きていたいのに死ぬ。そんな苦しい命に生れたくないのに生れる。言うまでもないことですが、これらは自分の思い通りにならないという苦です。それでは反対にどういうことになれば楽なのでしょうか。私たち人間の執着心の上で考えれば、いつまでも若い、いつまでも健康、いつまでも死なない、ということになります。これは先ほどの楽に三種ありという分類に重ねれば、一番目の外楽になります。つまり欲望が充足された楽のことです。仏教は執着を離すことを教えます。いつまでも若く健康で生きていたいという執着を離せと。その執着を離せば、老いることも病気になることも、死ぬことすら苦ではなくありのままに受け入れることができるのでしょう。しかしながら、これは先ほどの三種の楽で言えば、二番目の内楽です。欲望から離れて精神が乱れずに静まる楽です。私たちに教えられている仏教の楽は、それでもないのです。三つ目に説かれる法楽楽、つまり自己執着を離れて心が十方衆生へ広がり、その十方衆生全体が共有する楽のことです。法蔵菩薩の本願とはそれであるわけです。そこへ導きたいというのが、アミダ仏の働きであるのです。

私たちが親鸞という先人を通して出会わせていただいた仏教は、アミダ仏の本願に導かれる仏教です。その仏教においては、それが企てられた当初から、人間社会の苦悩が問題になっていたのであり、その苦悩とは、人間の自己執着心（煩悩）によって引き起こされている命の対立相克の所産であったのです。

## ■親鸞さんの思想的根拠

私たちにとって大事なことは、経典に書かれたことがらの理解ではありません。親鸞さんが説かれたことの理論的解明でもありません。それらを親鸞さんがどのように受け止め、それが現実の親鸞という人間の上にどう現れ出てきたのか、現実の人間社会を生きる親鸞さんに、どのような思想的根拠を与えていたのか。そこを明らかにすることが、今、私たちに求められていることです。それはとりもなおさず、この私自身がこの人間社会にどう向き合い、どう生きようとするのか、という問題に他ならないのです。

承元の法難に始まる一連の念仏弾圧が、親鸞さんの思想的在りようの結論と言ってもよいと思います。時の政治権力から弾圧を受ける。このことは、その存在がまぎれもなく社会的影響力、あるいは政治的影響力を持っていたということです。もちろん親鸞さんが何かしらの政治的活動を行ったということではありません。自分が一人の人間として生きるべき道を見つけ、その実践としてそれを他者に伝えるということを行っただけです。そのことが、実はすこぶる社会的な動きになったわけですし、政治的意味合いを持つことになったわけです。つまり、親鸞さんの念仏という仏教そのものが、初めから現実を問うという社会性を持ち、政治性を持っていたと言ってもよいのです。

第二章の四で、浄土の方向を示す図を出しました。私という人間が、その本性として向かう方向と、アミダ仏の本願が、私を引っ張る方向を示しました。その両者は正反対の方向であり、かたや苦の世界である地獄と呼ばれ、かたや真実の楽の世界である浄土と呼ばれました。この図に、人間社会というものを重ねると、上のようになります。

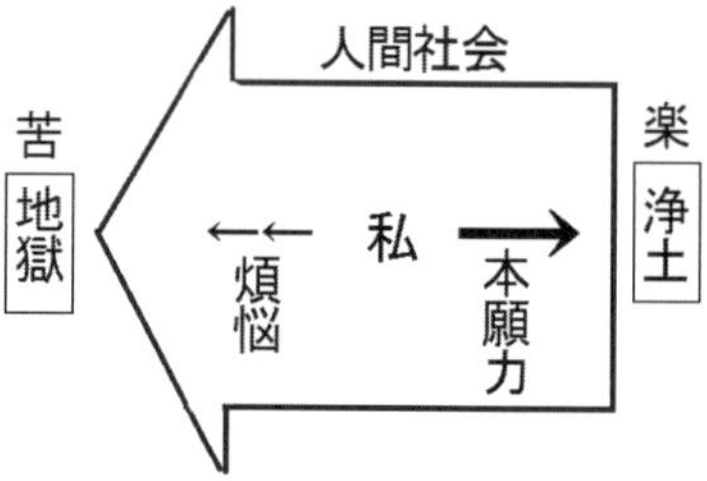


人間社会は私たち一人ひとりによって構成されています。私たちの向かう方向が、煩悩によって苦を生み出す方向であれば、その人間によって構成される社会もまた、同じ方向を向いています。アミダ仏の本願力の向かう浄土が、煩悩の向かう方向と正反対であれば、人間社会の方向と本願力もまた、正反対の方向性を持つことになります。ですから、私が本願力によって浄土へ導かれるそのことが、社会の中では流れに逆らい摩擦を生むことになります。個人が生み出す摩擦は小さいものですが、それが例えば法然の教団のように広がりを持つ時、人間社会の目、具体的には社会を管理支配しようとする権力者の目には無視できなくなります。それが弾圧でした。

親鸞さんの念仏は、決して心の内面に留まるものではなく、日常の社会的営みとして動き出し、周囲の人間関係の中でさまざまな作用を生み出すものでした。

私たち人間は、この世に誕生すると同時に、人間社会の価値観を浴びせられます。もしも親など周囲の環境が、社会の価値観から独立したものを持っていれば、その影響は少なくて済むのかもしれません。しかし多くの場合、無意識のうちに社会の価値観が刷り込まれていきます。当然のことですが、その価値観は自分自身の煩悩的価値観と同一のものですから、何ら抵抗を感じることもなく、それに則って生きることになります。もし、そのことが問い返されることがあるとすれば、それはまったく別の価値観と出会った時です。それにはいろんな契機があるだろうと思います。自分の思考を根底から揺すられるような大きな体験であったり、または学問によって得られた新たな価値観であったり、あるいは新たな価値観で生きる人との出会いであったり。

親鸞さんの場合は、幼くして両親と離れて仏教の世界へ入ったわけですが、その時点ではまだ社会の常識的価値観のままであったはずです。比叡山での試行錯誤の経験と、そこから生れる問題意識。そして法然という師との出会いとアミダ仏との出会い直し。他力と呼んだアミダ仏の働きかけを受け止めた時、親鸞さんの中に、人間社会の価値観とはまったく異質な価値観が押し込められてきたわけです。その時、人間社会と自分自身の中にある価値観が、鋭く問い返されてきたのです。新たな思想性を与える根拠でした。

## ■本願という価値観

『仏説無量寿経』に説かれた法蔵菩薩の物語は、人間の苦悩の解決のために必然的に生れたものでした。

○「私は誓う。仏になったならば、広く世の中にこの願を実践して、一切すべての恐れおののく衆生のために、大いなる安らぎを与えたい」(『仏説無量寿経』)

その経典の物語に記された法蔵菩薩の願いを、親鸞さんは日本という国の鎌倉時代という社会の中で聞き、受け止めるのです。古代以来の天皇とそれを取り巻く貴族社会に加えて、新たな政治勢力としての武家が登場し、不安定な状況を呈していました。「世に曲事のおこり候ひしかば(世の中ではとんでもないことも起こりましたので)」(親鸞消息)と書いているようるに、承久の乱などの騒乱が続いていました。社会情勢が不安定になれば、一番皺寄せを受けるのが社会的弱者です。そんな現実のありさまを目の当たりにしながら、アミダ仏の本願を仰いでいるのです。決して観念の中のことではありません。現実の人間社会の中で、苦悩の衆生と向き合いながらの念仏です。

●「　十方衆生のためにとて
　　如来の法蔵あつめてぞ
　　本願弘誓に帰せしむる
　　大心海を帰命せよ　　」（『浄土和讃』）

○「世の中のあらゆる命ある者のために、アミダ仏はその真実の智慧と慈悲のはたらきをすべて集めて、如来の大いなる願い、大いなる誓いに導き入れようとしておられる。さあ、みんなでその海のように大きなアミダ仏のお心に、耳を傾けましょう」

●「　本願力にあひぬれば
　　むなしくすぐるひとぞなき

功徳の宝海みちみちて
煩悩の濁水へだてなし
」(『高僧和讃』)

○「アミダ仏の本願の働きに出会ったならば、人生をむなしく過ごす人はいないのです。宝の海のようなアミダ仏の大きなお心が、私たちの心の中にいっぱいに満ちて、濁った水のような私たちの愚かな心も、嫌うことなく包み込んでくださるのです」

アミダ仏の本願は、まさしくこの苦悩うず巻く現実の自分たちのために起こされたものだ。この本願に導かれることによって、どんな人間も、自分の人生をむなしく終わらせることはなくなるのだ。みんなでこのアミダ仏の働きかけを受け止め、お互いに支え合いながら生きていこう。そんな思いでいっぱいだったのではないでしょうか。

人間の世の中は、自分の立場、自分の利益、自分の思いを確保するために、力を持ち相手をあざむくという価値観で塗りつぶされています。そのことをどうしようもないと棄てるのではなく、そのことの愚かさを問い返し、同時に自分の中にある同質の愚かさにも目をむけ、人間に残された共に生きる道を一緒に模索しようという呼びかけです。そのための拠り所となる新たな価値観。それがアミダ仏の本願だったのです。

## ■大きな勘違い

ひとつ具体的な例でお話したいと思います。

数年前に本願寺派本願寺の常例布教に出講したときのことです。法座が開かれる聞法会館の外壁に、大きな垂れ幕が下がっていました。縦横数メートルの大きなもので、阿弥陀堂側への出入り口の横ですからすぐに目に入ります。写真と言葉が書いてあります。写真は、境内を数人の中学生と布袍輪袈裟の白髪の僧が歩いています。そして言葉にはこうあります。

「住職さん、
勉強は好きでしたか？」

わたしはね、
テストが
好きじゃなかったの

点数で
比べられるでしょ。

だからね、
こう思うように
したんです。

わからないところを
教えてくれる試験って
ありがたいなあって。

ちょっと
見方をかえるだけで
楽になりましたね。

中学生たちに「勉強は好きだったか？」と聞かれて、住職さんはテストが嫌いだったと答えます。そしてその理由は、点数で人と比べられるからだと。そこでこの住職さんは、自分が行った解決法を話すのです。それは、試験というものは自分に分からないところを教えてくれるありがたいものだと思うようにした、というのです。そう思うと楽になったと。ちょっと見方を変えるだけで楽になるのだと。

これを読む人たちは、どう受け止めるでしょうか。「なるほど、いやなことがあったら、ちょっと見方を変えればいいんだ。そうすれば楽になるんだ。仏教というのは、そういうことを教えているんだ」。そう思って当然です。それでは、これを大きく掲示した本願寺側は、どういう思い、どういう狙いがあったのでしょうか。おそらく中学生たち若い世代に対して、仏教・浄土真宗という教えを分かりやすく伝えたい、ということなのでしょう。その伝えたかった中身が、この掲示物からは「物事は、ちょっと見方を変えれば楽になる」としか読み取れません。ここにある楽とは何でしょうか。誰の楽でしょうか。十方衆生の楽でしょうか。いえ、この言葉にある楽は、個人の楽でしかありません。住職さん個人の「テスト嫌い」という苦悩が、「見方をかえる」という手段によって、「楽」になったという話です。そしてあなたもこうやって楽になったらどうですか、というお勧めです。これは仏教ではなくて、処世術というものです。どうやって生きれば楽にうまく生きれるかという、世を渡る術《すべ》を説いているのです。世間話としてそれが語られるのであれば、それはそれで構いません。しかし本願寺の境内で、大きな掲示物として、明らかに参詣者にアピールする「伝道」物として出されています。それが仏教であると言うのであれば、大きな勘違いと言わねばなりません。

では、仏教の上からこの「テスト嫌い」というテーマはどう見えるのでしょうか。テストが嫌いだから勉強が好きではなかったという現実があったわけです。なぜテストが嫌いかというと、点数で比べられて優劣の評価が与えられるからです。この優劣評価というものは、点数の高い子には優越感を与え、点数の低い子には劣等感を与えるものです。人間をテストの点数で上下に振り分けることです。それが子供の成長には必要であるという教育観が、根強くあります。それによって苦しんでいる子供は大勢いるはずです。

アミダ仏の本願を仰ぐということは、十方衆生の楽を聞くということです。テストによって苦しむ「私個人」ではなくて、苦しんでいる者たち全体を視野に入れよと指摘されることです。その視点を与えられる時、苦しんでいる者の問題は、同時に苦しませている側の問題だということに気付きます。テスト嫌いというテーマを通して見えてくるのは、点数至上主義の誤った教育制度そのものですし、それによって苦悩を押し付けられている大勢の子供たちの現実です。その現実をしっかりと見すえるとき、求められるべき「楽」とは何かが自ずと見えてくるはずです。人間の価値とは何か。点数など能力の優劣上下で測るものではなく、そこに生きているという命の現実そのものを認めていく視線。命の付属物で評価を下すのではなく、命そのものの尊厳を最大限に尊重していく方向。仏教によって指し示されていく方向に耳を傾けるとき、それとは正反対に動こうとしている私たち人間の愚かさが気付かされ、問われてくるのです。その仏の示す方向が、浄土に他なりません。

## 二　「いとふ」ということ

### ■この世をいとふ

●「仏の御名をもきき念仏を申して、ひさしくなりておはしまさんひとびとは、この世のあしきことをいとふしるし、この身のあしきことをばいとひすてんとおぼしめすし

るしも候ふべしとこそおぼえ候へ」（親鸞消息）

○「アミダ仏のお名前を聞き、念仏を称えるようになって長くおなりになった人々には、この人間社会の悪いことを厭うしるしと、この自分自身の悪いことを厭い捨てようとお思いになるしるしがあるものだと、思ってください」

「世間虚仮、唯仏是真」。「人間の世間は虚仮であり、ただ仏のみが真実と言える」。『天寿国曼荼羅繍帳』に、聖徳太子の言葉として記録されたものです。

「厭離穢土、欣求浄土」。「穢れた人間世界を厭い離れて、アミダ仏の浄土を願い求める」。源信が『往生要集』で用いたこの言葉は、浄土教の代名詞のように使われました。

二つとも、仏に出会うことによって人間世界の本質が見えた、という言葉です。どちらも、仏の浄土が真実であり求めるべき世界であり、反対に人間世界は、虚仮であり穢土であり厭い離れるべき世界であると言っています。仏教という新たな価値観との出会いで、人間社会が相対化されていることを示しています。

引用した親鸞さんの手紙の言葉は、それら浄土教の流れを汲んでのものになります。しかしここでは、世間や穢土は単純に否定するだけの対象ではありません。「この世」※に対して「この身」が説かれています。人間社会は自分の外にある批判の対象ではなく、自分自身がその社会を構成している一人であり、自分の中身もまた、穢身であり虚仮であるというのです。そうなりますと、親鸞さんの「いとふ」という言葉は、「いやだ」「嫌だから捨てよう」という単純なものではなく、間違いだらけで嫌だけれども、それがこの社会の現実であり、それがこの自分自身の現実である。それは生きている限り捨てられるものではない。死ねばよいという話でもない。捨てることのできない現実。離れることのできない現実。その現実の人間社会と自分自身の「あしきこと」を、問い続けるしかない。アミダ仏の真実から問われ続けることがらを、今この世でこの身が受け止めていくこと以外にはない。そういう意味の言葉として受け止めねばならないだろうと思います。そしてそこにこそ、親鸞さんの中に生れ出てきた生きる意味、思想の根拠があったのです。そのことを、残された親鸞さんの言葉から読み取っていきたいと思います。

※「この世」について
親鸞さんの手紙は、直筆で残されたものはほんの数篇だけです。多くは後日書き写

され、編集されたものです。「建長四年二月二十四日」の日付があるこの手紙は、直筆のものはなく、いくつかの消息集に収められています。その内『末灯鈔』などでは、この部分は「後世」となっています。『親鸞聖人御消息集広本』などでは「この世」となっています。親鸞さんに「後世」という言葉の使用例は、他にありません。経典等からの引用文で三ヶ所と、隆寛の『後世物語』の題名を引いたものが三ヶ所あるだけです。また逆に「この世」の使用例は数多く、別の手紙にも「この世のわろきをもすて」という同様の使用例もあります。この引用文では、「この身」と対比するものとして使われており、意味の上からも本来「この世」であったことは間違いありません。

## ■この身をいとふ

●「はじめて仏のちかひをききはじむるひとびとの、わが身のわろくこころのわろきをおもひしりて、この身のやうにてはなんぞ往生せんずるといふひとにこそ、煩悩具足したる身なれば、わがこころの善悪をば沙汰せず、迎へたまふぞとは申し候へ。かくききてのち、仏を信ぜんとおもふこころふかくなりぬるには、まことにこの身をもいとひ、流転せんことをもかなしみて、ふかくちかひをも信じ、阿弥陀仏をも好みまうしなんどするひとは、もとこそ、こころのままにてあしきことをもおもひ、あしきことをもふるまひなんどせしかども、いまはさやうのこころをすてんとおぼしめしあはせたまはばこそ、世をいとふしるしにても候はめ」

○「初めてアミダ仏の誓いを聞き始めた人々が、自分の身の悪であること、心の愚かさを思い知って、こんな自分ではどうして往生ができるだろうかと言う人にこそ、煩悩具足の身であるので、自分の心の善悪は問題にならず、迎えてくださるのだと言われるのです。そのように聞いたあとで、仏を信じようと思う心が深くなると、自分の間違いを問い返し、迷い続けることを悲しんで、本願を深く信じて念仏を申すようになるのです。もともとは自分の心のままに悪いことを思ったり、悪いことを行ったりしていましたけれども、本願を聞いた今は、そのような心を捨てようとお互いに思うようになることが、この世の間違いを厭うということなのです」

先ほどの手紙の続きです。ここではアミダ仏の本願を聞き始めたばかりの人と、本願を仰いで長くなった人とを区別してコメントしています。聞き始めたばかりの人に対しては、アミダ仏は私たち人間の心の善悪で差別したりはしない。どんな人も必ず浄土へ迎えてくださると説かれるのだと。そして本願と出会って長くなった人には、自分の本性として行ってきた愚かな思いや行動を問い返して、それを捨てて改めようと思うようになることが、世を厭うということであると伝えています。

つまり、自分の本性としての悪は、往生の障害にはならない。けれども、それでは悪のままで良いのかと言えばそうではない。本願に生きようとすることは、自分自身の悪を問い返すことであり、出来ることならばそれを捨てようと思うようになることであると。本願力に引っ張られるということは、そのような気持ちにさせられることであると。もちろん、捨てられたか、捨てられなかったか、その結果が問題ではないのです。死ぬまで捨てられなくても、捨てたいと思う心を持たされるということです。それが「この身をいとふ」ということの内容であり、それがそのまま「この世をいとふ」ということになるのだと言うのです。

もう一つ、この文面で触れておくならば、「いまはさやうのこころをすてんとおぼしめしあはせたまはばこそ」という言葉の中の、「おぼしめしあはせたまふ」という言葉です。「おぼす」は「思す」で、思うの尊敬語。「めす」は「召す」で、尊敬の意を強める補助動詞。「あふ」は「合う」で、「お互いに……する」。「す＋たまふ」は程度の強い尊敬の意を表す補助動詞。「お互いにお思いになる」という言葉になります。この「あふ」という語は、「とも同朋にもねんごろにこころのおはしましあはばこそ」など、手紙の中では何度も使われています。「お互いに……する」という言葉を、尊敬語などと一緒に使い、「お互いに、ご一緒に、……致しましょう」というような言い方です。念仏に生きるということは、個人個人がそれぞれにということではなく、お互いに一緒に、共に歩いていく道であるという思いが強く表されている言葉だと思います。どの手紙の文面も同様で、同じ念仏を称える仲間に対して、とても丁寧で、尊敬の思いにあふれた言葉使いになっています。「名利に人師をこのむなり（ほめられたいという欲があり、人の先生のような顔をしたがっている私です）」と記す人です。

## ■「いとふ」と「ゆるす」

この「いとふ」という言葉と対比されて、「ゆるす」ということが説かれています。ゆるすというのは、自分が自分のことを許すという意味です。

●「煩悩具足の身なればとて、こころにまかせて、身にもすまじきことをもゆるし、口にもいふまじきことをもゆるし、こころにもおもふまじきことをもゆるして、いかにもこころのままにてあるべしと申しあうて候ふらんこそ、かへすがへす不便におぼえ候へ」（親鸞消息）

○「自分は煩悩だらけの人間だからといって、心の思いにまかせて、身体でしてはならないことも許し、口に言ってはならないことも許し、心に思ってはいけないことも許して、どのようにでも心のままに行えばよいのだと言い合っておられるのは、まことに哀れむべきことだと思ってください」

この文面の後に、先ほどの「この世のあしきことをいとふしるし、この身のあしきことをばいとひすてんとおぼしめすしるし」の言葉があります。この手紙は関東の門弟たちに宛てて書かれたものですが、その中で明法房の往生のことが記されています。明法房は、覚如が『本願寺聖人親鸞伝絵』に、親鸞殺害を企てた山伏弁円として登場させている人物です。親鸞さんは明法房の経歴等については何も記していませんが、手紙の文面からは、とりわけ大事に思っていた同朋の一人であったと伺えます。その明法房が往生したということについて、何通かの手紙で記しています。その中には次のような文面があります。

●「明法房の往生しておはしますも、もとは不可思議のひがことをおもひなんどしたるこころをもひるがへしなんどしてこそ候ひしか。われ往生すべければとて、すまじきことをもし、おもふまじきことをもおもひ、いふまじきことをもいひなどすることはあるべくも候はず」（親鸞消息）

○「明法房が往生しておられますのも、もともとは考えられないような間違ったことを思ったりなどしていた心を、ひるがえしなどされたからこそのことです。自分は往生するのだからと言って、してはならないことをしたり、思ってはならないことを思ったり、言ってはならないことを言ったりすることは、あっていいはずもないことです」

この文面からは、明法房が生前とんでもない間違いをしていたこと。そのことを心から悔い改め翻したこと。そういう身にさせられて、浄土往生をとげたということ。それを勘違いして、自分は往生できるのだからと言って、悪いことを行ったり言ったり思ったりしてもかまわないと言うのは、とんでもない間違いである。そんなことが問題になっていたようです。

アミダ仏の一方的な働きによって、どんな人間も必ず浄土へ往生させられる。その言い方の表面だけを受け止めて、それならばどんな悪を作っても往生できるのだ、と言う人が相当いたようです。それは明法房に関してのことだけではなく、親鸞さんが京都へ戻った後の関東で、次第に広まっていったことであったようです。のちに造悪無碍と呼ばれるこの間違った念仏理解は、自己執着心に絡めとられた人間に、アミダ仏の願いが届けられることの困難さを物語っています。明法房について手紙が書かれたのは、親鸞さんが八十歳のころです。そして関東での念仏の乱れを心配して息子の善鸞を派遣し、その善鸞に裏切られて親子の縁を切るのが八十四歳の時です。


さて、「ゆるす」の手紙に戻ります。

アミダ仏の誓いは煩悩具足の者も、必ず浄土に導くというものであるので、悪があってもそのままでよいのだ、という開き直りです。そのことを親鸞さんは、自分で自分の悪性を許していることだと言い、とんでもない勘違いだと嘆くのです。

●「酔ひもさめぬさきになほ酒をすすめ、毒も消えやらぬに、いよいよ毒をすすめんがごとし。薬あり、毒を好めと候ふらんことは、あるべくも候はずとぞおぼえ候ふ」（親鸞消息）

○「酔いも覚めていないのになおお酒をすすめるようなものであり、毒も消えていないのにますます毒をすすめるようなものです。薬があるからといって毒を好めということは、あってはならないことであると思います」

毒を消す薬があるから、毒を好んでもよい。この例えは、とても分かりやすいと思います。ここには、毒が好きで飲みたい人間と、その毒で体を壊すことを心配して薬を飲ませたい者がいます。親鸞さんの言い分は、自分のことを心配して薬を飲ませようとしている者の気持ちを受け止めれば、毒を飲むのをやめようという気持ちになる、ということです。結果的にやめられないかもしれないけれども、やめられたらいいと思う。少なくとも、やめられない自分が愚かしいと思うし、悲しいことだと思うと。それが先ほどの「この身をいとふ」でした。そうならずに開き直って毒を好むというのは、薬を飲ませようとする者の気持ちが少しも分かっていない証拠だと言うのです。

●「めでたき仏の御ちかひのあればとて、わざとすまじきことどもをもし、おもふまじきことどもをもおもひなんどせんは、よくよくこの世のいとはしからず、身のわろきことをおもひしらぬにて候へば、念仏にこころざしもなく、仏の御ちかひにもこころざしのおはしまさぬにて候へば、念仏せさせたまふとも、その御こころざしにては順次の往生もかたくや候ふべからん」（親鸞消息）

○「すばらしい仏のお誓いがあるからといって、わざとしてはならないことを行い、思ってはならないことをも思ったりするのは、まったくこの世を厭うという心がなく、自分自身の悪いことを思い知らないということでありますので、念仏にも心がかけられておらず、仏のお誓いにも心がかけられておらず、いくら念仏を称えてくださっても、そのようなお心では、この度の浄土往生は難しいことであろうと思います」

念仏になっていない、と言うのです。念仏とは口に称えることが大事なのではなく、それを通してアミダ仏の本願を受け止めることが大事であると。それがなければ、いくら念仏を称えても、往生は難しいと。この言葉に、親鸞さんにとっての往生の意味が伺えます。物理的に、あるいは観念的に、死後自分が浄土という世界に行く、ということではないのです。浄土往生とは、現在生きているこの時に、アミダ仏の願いと触れ、それによって「この世をいとひ、この身をいとふ」という思いを起こさせられることであると言っているのです。

●「　『そのままでいい　そのままで　そのままこいよ』のお慈悲のおおせ
『そのまま』と　おおせのままに
この愚身（み）を任す
このまんま
これ　すなわち　南無阿弥陀仏　」
（本願寺派ＨＰ　石上智康総長あいさつ文より）

そのままでいいと言われて、このまんまでいいと受け止める。今もそのような理解が当然のように通用しています。そこにある浄土往生とは何なのでしょうか。「この世の縁がつきるその時まで、……仏恩報謝の日暮らしをさせていただきましょう。……必ずや、あなたご自身の生きる力がアップすることでしょう」とあります。

「いとふ」という言葉は、親鸞さんの仏教を知る上で、「十方衆生」に並んで重要なキーワードです。しかし親鸞さん亡きあと、この言葉はすっかり消えてしまいました。そのことが何を意味するのか、しっかりと見定める必要があります。

## 三　同朋ということ

### ■新たな人間関係へ

●「としごろ念仏して往生ねがふしるしには、もとあしかりしわがこころをもおもひかへして、とも同朋にもねんごろにこころのおはしましあはばこそ、世をいとふしるしにても候はめとこそおぼえ候へ。よくよく御こころえ候ふべし」（親鸞消息）

○「長年にわたり念仏を称えて浄土往生を願う人のしるしには、もともとの悪かった自分の心を思い返して、友や同朋にもお互いに懇ろに心がおありになればこそ、この世の愚かさを悲しみ問題にするというしるしでもあるとお思いください。そのことを念を入れてしっかりとお心得ください」

この手紙でも「世をいとふ」ということが記されています。そしてここでも、それを語る相手は、「としごろ」念仏を称えている人です。としごろとは、年来、長年という言葉です。「はじめて仏のちかひをききはじむるひとびと」ではなく、「かくききてのち、仏を信ぜんとおもふこころふかくなりぬる」人のことです。「仏の御名をもきき念仏を申して、ひさしくなりておはしまさんひとびと」のことです。親鸞さんは、この「いとふ」という言葉を使う時には、本願と出会って長くなった人々を、限定的に対象にしているようです。おそらくその理由は、本願を聞き始めたばかりの人の場合、悪を厭うということが、そうしなければ往生できないというように、往生のための必要条件だと勘違いされる心配があったためではないでしょうか。この世の悪しきことを厭うことも、この身の悪しきことを厭うことも、決して往生のための条件ではありません。本願と出会う中で、おのずと自分の中に生れてくる思いであるのです。アミダ仏の願いが私たちの中に入り込み、私の中で願いとして動き出すということです。

さて、この手紙で親鸞さんは、「同朋」という言葉を使っています。友や仲間という意味の言葉です。同じアミダ仏の本願がかけられている仲間を指しています。使用例は手紙の中の三例だけですが、念仏に基づく人間関係を表す言葉として、とても大事なものです。

とくにこの手紙の文面は、浄土に往生するということが、現実の自分の身において、どのような現象を生み出すのかという記述であり、極めて重要な意味があります。次の三点について記されています。

一つには、「これまでの自分の悪い心を思い返す」。アミダ仏の本願に出会うということは自分自身の煩悩、自己執着心が見抜かれるということです。自分のその現実が悪であると認識させられた時、おのずとそれをやめようと思う心、思い返そうという心が起こるのであると言うのです。逆に言えば先ほどの「このまんま」でよいというのは、自分の現実が悪と認識できていないということであり、アミダ仏と出会っていないということに他なりません。

二つには、「友や仲間とお互いに心を掛けあう関係になろうとする」ということ。自分の煩悩、自己執着心が、人間関係において対立争いを生んでいるわけです。その心を思い返そうとするということは、対立争いの関係から、対等で平等な関係に切り替えようということです。お互いの尊厳を認め合う関係です。人間社会の価値観の中に、アミダ仏の本願という価値観が入り込んできます。その時、人間社会の価値観は、本願という価値観から、鋭く問い返されてきます。そこに新たな人間としての在りよう、思想の芽生えがあるというのです。

三つ目には、そのことが「浄土往生を願うしるし」であり、同時に「この世を厭うしるし」であるということです。ということは、直結すると、「浄土往生を願う」ということは、イコール「この世を厭う」ということであると親鸞さんは言っているわけです。

●「　平等心をうるときを
　一子地となづけたり
　一子地は仏性なり
　安養にいたりてさとるべし　」（『浄土和讃』）

○「すべての命あるものを平等に思いやる心を身につけた姿を、『一子地』と名づけるのです。それは仏の境地であり、浄土に往生して得られるものです」

平等という言葉は、近代思想の代表のような言葉ですが、仏教では仏を表す言葉として使われていました。アミダ仏の大慈悲心は、十方衆生をことごとく救う。そこには何の条件もなく、例外無しに一切すべてを平等に、アミダ仏の意思によって導く。例えるなら、親が一人子に対して親の思いの全てを掛けるように、十方衆生に対して平等にアミダ仏の願いの全てが注がれているということだと。その意味で、一子地と呼ばれると言うのです。

アミダ仏から働かれるということは、私の中にアミダ仏の願いという価値観が押し込められるということです。それによってあぶり出されてくるのは、私の中にある既存の価値観です。今ここで、平等心という言葉に対応して言えば、差別心ということになります。先ほどの手紙の文面で言えば、「もとあしかりしわがこころ」です。私の現実があぶり出され、その愚かさが問われ、さらには向かうべき方向が示されるのです。

そのようなアミダ仏からの働きかけを受け続ける中で、私たちの日常の人間関係、社会的在りようの一つひとつが問われてきます。私と、私をとりまく十方衆生との関係です。自分の執着心から見えていた関係のありさまに対して、アミダ仏の本願の目から見える関係の姿がおいかぶさってくるのです。浄土に存在する平等観が、今現実の人間社会を生きる私たちの中に下りてきて入り込むのです。それによって私たちは、新たな命の関係へと導かれ続けることになります。

## ■この世とこの身の差別性

差別している者が自分の差別性に気付き、それを改めるということは容易ではありません。そのため差別を解消していく運動は、差別されている側から起こされることになります。言うまでもありませんが、差別されている側は少数派であり、差別する側は多数派です。少数派であり、かつ苦痛を強いられている当事者から提起しなければならないのが、差別解消の道のりであり常に困難を伴うことになります。

私たちの自己執着性が自己保身を生み、それを確保するために他者を自分の下に置こうとします。その時私たちが見ている人間とは、人間の命そのものではなく、その命の付属物とでも言うべき社会性です。生れであるとか、教育歴であるとか、社会的地位であるとか、身体的特徴であるとか、財産等所有物の有無であるとか。命の周囲にまとわり付いた、あるいはまとわり付けた、それら付属物によって比較するということを行います。そこに優劣上下の価値の差が生れ、それは力の強弱関係になり、支配被支配の関係を生み出します。

●「彼仏因中立弘誓　聞名念我総迎来

不簡貧窮将富貴　不簡下智与高才
不簡多聞持浄戒　不簡破戒罪根深
但使回心多念仏　能令瓦礫変成金　」（『五会法事讃』）

○「アミダ仏は法蔵菩薩であった時に大いなる誓いを立てた。私の名を聞いて私を念ずる者のすべてを浄土へ迎え来させると。それは貧窮と富貴をえらばず、下智と高才をえらばず、多聞と持浄戒をえらばず、破戒と罪根深をえらばないことだと。ただ回心して多く念仏を称えれば、瓦礫のようなものを必ず金に変えようということである」

聖覚は『唯信鈔』に、十八願の心を表すものとしてこの言葉を引用しています。親鸞さんはそれを、『唯信鈔文意』の中で詳しく解説しています。法蔵菩薩の誓いとは、念仏称える者のすべてを浄土へ導くというものだと。そしてそれを具体的な言葉を並べて語っています。「不簡」とは、「えらばず、きらはずといふ」ことだと親鸞さんは書いています。貧窮と富貴、あるいは下智と高才も、私たちが今日の社会生活の中ですぐに了解できる事柄です。先ほどの命の付属物です。次の多聞とは、経典等を多く学んでいる者であり、持浄戒とは、正しい戒をしっかりと持続できる者のことです。この者たちもえらばないということについて、親鸞さんはこう言います。「これらの戒を保てるりっぱな人々も、他力真実の信心を得た後に、真実の浄土へは往生できるのです」と。つまり自力仏教の者たちのことで、そのままでは方便化土にしか往生できないけれども、自力の計らいの愚かさに気付いて本願に帰依することで、浄土往生は叶うというのです。そういう意味での不簡であると。それに対して次の破戒と罪根深とは、戒を保てず罪を犯すことをやめられない悪人罪人のことであると言います。そして次のように書いています。

●「すべてよきひと、あしきひと、たふときひと、いやしきひとを、無碍光仏の御ちかひにはきらはずえらばずこれをみちびきたまふをさきとしむねとするなり。真実信心をうれば実報土に生るとをしへたまへるを、浄土真宗の正意とすとしるべしとなり」（『唯信鈔文意』）

○「すべての善い人も悪い人も、尊い人も卑しい人も、アミダ仏のご本願の働きにおいては、嫌わず選ばず導いてくださることが優先されているのです。真実の信心を与えられて浄土に生れると教えてくださることを、浄土の真宗のまことの意味であると知るべきです」

人間社会においては、社会の価値観に合う者が善であり、合わない者には悪という評価が下されます。また尊卑という人間選別は、神道をその精神基盤に置いているこの国にとっては、揺るがぬ価値観としてあります。アミダ仏の本願に立つということは、その人間社会の価値観を相対化する。いえ、はっきり言ってしまえば、それは間違いであると否定することであると言うのです。否定する根拠としてのアミダ仏の本願を、自分たちは新たな価値観、新たな拠り所とするのだと。それを「浄土真宗の正意」とするのだと宣言しているのです。

「但使回心多念仏」。回心というのは、自力の心をひるがえし捨てることであり、それは信心が起こるということだと。そしてそれによってどんな人間も、「煩悩を具足しながら無上大涅槃にいたる」ことになるのだと書いています。

煩悩を持ったままで、真実へ導かれる身になる。これは何を意味するのかと言えば、人間の価値をどこで見るのかということなのです。親鸞さんは、「真実へ導かれる身になること」に価値を見出しているのです。反対に言えば、「煩悩を持っている」ということは、その人の価値とは関係ないわけです。どれだけ愚かな煩悩を持っていようが、アミダ仏の願いに生きることによって、この上ない最上の価値を持つことになるのだと言うのです。

その説明の中で、『阿弥陀経義疏』にある「具縛の凡愚・屠沽の下類」という言葉を出しています。「具縛はさまざまな煩悩に縛られている私たちであり……屠はさまざまな生き物を殺し切り裂く者で、猟師・漁師です。沽はさまざまな物を売り買う商人です。これらを下類と言うのです」と書いています。わざわざこの言葉を引き出しているのは、親鸞さんの生きていた当時の社会においても、そのような人間選別意識、差別観があったからではないでしょうか。まさしく下類という言葉が当てはまるような価値観があり、そのことを本願を仰ぐ中で強く意識させられていた証であろうと思います。

次に「能令瓦礫変成金」とあります。瓦礫と黄金を例にとっての対比です。人間社会において、まったく何の価値もない瓦礫と、最高の価値と誰もが認める金を出して、アミダ仏の本願とは、瓦礫を金に変えることだと例えるのです。

●「れふし・あき人、さまざまのものは、みな、いし・かはら・つぶてのごとくなるわれらなり。如来の御ちかひをふたごころなく信楽すれば、摂取のひかりのなかにをさめとられまゐらせて、かならず大涅槃のさとりをひらかしめたまふは、すなはちれふし、あき人などは、いし・かはら・つぶてなんどを、よくこがねとなさしめんがごとしたたとえたまへるなり」（『唯信鈔文意』）

○「猟師（漁師）商人などの言葉は、石瓦礫のような私たちのことです。アミダ仏のお誓いを疑いなく受け止めるようになれば、摂取の光の中におさめとってくださって、必ず大涅槃の悟りを開かせていただくということを、猟師（漁師）商人など石瓦礫の者を金に変えようとするようなことであると例えてくださっているのです」

瓦礫のような下類とは自分たちのことであり、アミダ仏の願いはその私たちを最高の悟りへ至らせることだと。人間社会において無価値とされる自分たちが、実は最高の価値を約束されたこの上ない尊い存在であるのだ、という言葉です。

命の付属物で評価を下し、優劣上下、力による関係を築き上げている人間社会の中で、命そのものの尊厳に目覚め、どの命も対等平等に最高の価値を持って存在していると説くのです。煩悩という人間の本性にもとづく差別性が、ここにおいて明確に照らし抜かれています。差別性を抱えた自分が、差別性によって成り立っている社会に生きながら、その差別性を厳しく問うという視点を持つに至ったのです。

## 四　自律し自立する

### ■自灯明法灯明

●「自己こそ自分の主である。他人がどうして（自分の）主であろうか？　自己をよくととのえたならば、得難き主を得る」（『ダンマパダ』）

残された経典の中ではもっとも古いものの一つである『ダンマパダ』（中村元訳『ブッダの真理のことば　感興のことば』岩波文庫）の一節です。中村元訳の他に、友松円諦の訳が知られています。この一節にある「主」を、友松は「よるべ」と訳しています。自分こそが自分の生きる拠り所であり主人公であるという言葉です。自分が自分を管理し（自律）、自分が自分の責任において行動を決めていく（自立）。反対の言い方をすれば、他人や世間の価値観に合わせて動いていくのではないと言うことです。「得難き主」とは、本来の自分自身、確立された一個の人間としての自分です。

そして大事なことは、そのことは「自己をよくととのえたならば」実現するのだという言葉です。この「自己を整える」という言い方は、『ダンマパダ』の中でもそのほかの古い経典でもよく登場します。それは、ニルヴァーナ（悟りの境地）に至るための必要な条件として使われています。ですから、世間でよく言われる「自己を磨く」とか「自己を鍛練して」というような軽い意味合いではありません。人間の一切の愚かさを捨て去るというような、究極的な自己コントロールです。自分が自律し自立するためには、その条件をクリアする必要があると言うのです。それは容易なことではないので、「得難き」ということになるのです。

## ●「自分を灯火とし、法を灯火としなさい」（『涅槃経』）

これは『涅槃経』にある有名な言葉です。灯火というのは、暗闇の道を照らす明かりということで、人生の拠り所となるものを指しています。死が近づいたブッダが、最後の教えとして残したものと言われます。自分がいなくなった後は、各々が自分自身を拠り所として生きていきなさい。同時にその自分は、必ず法（真実）を拠り所としなければなりません、という言葉です。法とは具体的には、先にお話した四法印や四諦などです。

先ほどの『ダンマパダ』の「自己を整える」が、ここでは「法を灯火とする」に当たるわけです。人間は本来的に愚かです。その人間が、法を拠り所に生きようとするとき、初めて整えられた自分になるということです。そして、この法を拠り所として自分を整えようとする行動が、仏教の行であるわけです。

これらの古い経典に残されたブッダの言葉から、仏教のもっとも芯になる部分が伺えます。人間の苦悩の根源が我執（煩悩、自己執着心）であり、そこから離れるためには、別の拠り所が必要であると。それがブッダの説いた法（真実）であるということです。法を拠り所とするときに、真実でないものを見抜き、それを否定的に問うという姿勢を持つことになります。自律し自立するというのは、真実ではないものを相対化するということです。それは現実の人間社会であり、そこに生きる自分自身でもあるわけです。自分が自分の拠り所になるためには、自分で自分自身を完全にコントロールする必要があるのです。そのために説かれたのが仏教でした。

●「　釈迦如来かくれましまして
　二千余年になりたまふ
　正像の二時はをはりにき
　如来の遺弟悲泣せよ　」（『正像末和讃』）

○「シャカムニ仏がお亡くなりになって、二千年余りが過ぎてしまいました。もうすでに正法の時代も像法の時代も終わってしまいました。この末法という時代に仏教を学ぼうとする私たちは、悲しみ泣かねばならない大変な状況の中にいるのです」

第二章でも出した和讃です。ブッダの時代が終わってしまって、今は従来どおりの行も証も通用しなくなってしまった。かろうじて残されている真実の教に基づいて、自分たちの時代の新たな仏教を構築し直さなければならない。それが親鸞さんの強い思いだったようです。

●「　末法五濁の世となりて

釈迦の遺教かくれしむ
弥陀の悲願ひろまりて
念仏往生さかりなり　　」（『正像末和讃』）

○「濁りに満ちた末法の世の中になって、シャカムニ仏の遺した教えがそのままでは伝わらなくなってしまいました。今この時代に、アミダ仏の慈悲から生まれた願いの教えが広まって、念仏によって浄土往生する道が盛んになったのです」

「自己を整える」ための新たな手段を見つける。それが自力聖道に行き詰った親鸞さんにとっての課題でした。そしてそれに応えたのが、法然の専修念仏であったわけです。アミダ仏が一方的に無理やり勝手に自分に働き続けている。そのストーリーに込められた道理にうなずき、それを受け止める中で、アミダ仏という存在が、実存の働き主として自分の中に納まってくる。本願という働きが、現実の自分と社会を照らし抜くものとして動いていることを受け止めざるを得なくなる。

それは、まさしく法（真実）が、法のほうから自分に押し寄せ、この自分を動かそうとしてくることでした。仏になろうとする願いを起こす（発菩提心）ところから始まって、衆生を利益したい（度衆生心）という願いまで、すべてをアミダ仏が準備をし、それを私たちに押し付けることで浄土往生を実現させる。そのことによって、「自己を整える」ことが可能になるということでした。親鸞さんはそれを、自分にとっては非行（行にあらず）であり、非善（善にあらず）であるとしました。まったく新しいシステムによる、自律自立への道でした。それはブッダの仏教を変えたのではなく、ブッダによる方便として初めから用意されていたことであると受け止めたのです。

●「釈迦・弥陀の御方便にもよほされて、いま弥陀のちかひをもききはじめておはします身にて候ふなり」（親鸞消息）

○「シャカムニ仏とアミダ仏の私たちを導く手立てにさそわれて、今アミダ仏の誓いを聞き始めておられる身になっているのです」

## ■万人が自律し自立する社会

おそらくどの時代のどの民族においても、人間の社会には力の関係が生まれ、力関係による統治が行われていたのだろうと思います。個人が身を守るために力を持ち、自分の力が弱ければ強い力の者を頼ります。個人が独立して生きるよりは、集団に所属して生きることのほうが安心できます。その集団と集団との間にも力関係が生まれ、次第により強く大きな集団が生まれていきます。そして集団が大きくなればなるほど、そこに所属する個人の存在は小さく軽くなっていきます。集団の意思決定は、集団内の力ある者が行い、力ない者はそれに従うという構造ができていきます。逆に言えば、そのような力の論理による集団、社会においては、個人が各々の意思を持ち動くということは秩序を乱すことであり、許されないことになります。

一人ひとりが、自律し自立する。力で成り立つ社会の中でそれを求めることは、原理的に困難なことであるわけです。仏教が求めたのはその困難な道です。そこにこそ人間としての真の喜びがあると見抜いたからです。そしてそれは、自分一人で完結する話ではなく、自分から連なる衆生たちへ次第に発展し、最終的には万人が自律し自立する社会を作ろうという計画であったのです。力関係ではなく、命の尊厳に基づく新しい人間関係の社会を求めようとしたのです。十方衆生利益という仏教の目的は、具体的にはそれを指しているのです。その実現のためにこそ、浄土往生は説かれているのです。往相回向が説かれ、還相回向が説かれ、それが止まることなく連続することによって、「無辺の生死海」を転換していこうという壮大な事業なのです。

## ■国家を問う視点

力関係による集団の大きくなったものが国家です。

この国においても、農耕技術が伝わり稲作が始まった弥生時代から、小規模なムラが発生しました。そのムラは、農耕規模の拡大にともない次第に大きくなり、農耕地や水利権をめぐってムラ同士の対立抗争も起こりました。上下関係が生まれ統合が進む中で、各地に大きなクニ社会を形成していきます。一世紀になると後漢から金印が贈られるなど、隣国からもその存在が認識されるようになります。そして三世紀ごろには大王《おおきみ》を中心にした政治組織が存在したと言われます。大王は天皇となり、神祇信仰をともなう祭政一致の政治体制を確立していきます。

奈良平安両時代をくぐり、親鸞さんの時代には武士勢力が現れ、新たな展開を見せます。それは貴族社会の力関係に、武力という新たな力関係が加わることでした。力による構図がより強くなったことであり、農民など社会的弱者にとっては、それまで以上に力による圧迫が強くなったわけです。そのような社会状況の中で、親鸞さんは仏教を模索していたのです。法然と出会いアミダ仏の本願と出会うことで、現実の厳しい状況の中においても、まだ人間として希望を持って生きていく道があるという喜びを見つけたのではないでしょうか。それは先ほどの、「いしかわらつぶてのごとくなるわれら」という弱者としての苦悩の衆生の確認であったわけですし、それを同朋という新たな人間関係として押さえることであったのです。その視線は裏返すと、横暴な力の論理で民衆支配を繰り広げる、強者としての権力に対する強い批判でもあったのです。

もちろん法然や親鸞さんが、朝廷や幕府に対して直接物申したわけではありません。門徒衆が徒党を組んだわけでもありません。民衆が力を合わせて権力に対峙するというようなことは、まだ起こりようのない時代です。民衆一人ひとりの権利など認められるはずのない、封建社会そのものの時代です。親鸞さんたちが行ったのは、自分の出会った真実の道を、周囲の人に伝え広めるということでした。自分が念仏に生き、それを人にも勧めたのです。それだけです。それだけのことだったのですが、そのことが現実的には、社会に大きなインパクトを与えることになったのです。

世俗社会の価値観とは別のところに、自分たちの拠り所を持つ。普遍宗教たる仏教の、揺るがぬ大基盤です。新たな拠り所が、世俗社会に対して「この世のあしきことをいとふ」という視線を持ち、相対化するものとして存在するとき、それはすこぶる強い社会批判として機能すると言わねばなりません。第二章の七、化身土文類のところで出しました『菩薩戒経』の「国王にむかいて礼拝せず」は、そのような姿勢の裏づけとして引用されています。

## 五　社会との軋轢

### ■念仏をやめさせようとする者たち

●「さては、念仏のあいだのことによりて、ところせきやうにうけたまはり候ふ。かへすがへすこころぐるしく候ふ。詮ずるところ、そのところの縁ぞ尽きさせたまひ候ふらん。念仏をさへらるなんど申さんことに、ともかくもなげきおぼしめすべからず候ふ。念仏とどめんひとこそ、いかにもなり候はめ、申したまふひとは、なにかくるしく候ふべき。余のひとびとを縁として、念仏をひろめんと、はからひあはせたまふこと、ゆめゆめあるべからず候ふ。そのところに念仏のひろまり候はんことも、仏天の御はからひにて候べし。……そのところの縁尽きておはしまし候はば、いづれのところにてもうつらせたまひ候うておはしますやうに御はからひ候ふべし。慈信坊が申し候ふことをたのみおぼしめして、これよりは余の人を強縁として念仏ひろめよと申すこと、ゆめゆめ申したること候はず。きはまれるひがことにて候ふ。この世のならひにて念仏をさまたげんことは、かねて仏の説きおかせたまひて候へば、おどろきおぼしめすべからず」（親鸞消息）

○「さて、念仏にかかわる問題によって、とても居づらくなっているとお聞きしました。返す返す心苦しく思います。結局のところ、その場所での縁が尽きたのでしょう。念仏を妨げられることに、そんなに嘆かれることはありません。念仏を禁止しようとする人こそ問題なのであって、念仏を申している人は何も悪いことではありません。その地域の権力者を頼りにして念仏を広めようと考えることは、間違ってもあってはならないことです。その地域に念仏が広まることも仏のおはからいです。……その地域での縁が尽きたならば、どこか他のところに移ってくださるようにお考えください。慈信坊（善鸞）が言うことを信じて、私のほうから『世間の権力者を頼って念仏広めよ』と言ったということ、そのようなことを決して言うわけがありません。とんでもない間違ったことです。この人間社会の通例として、念仏を妨げようとしてくることは、すでに仏が説いてくださっていることですので、なにも驚くことではありません」

この手紙は、関東の真浄坊という門弟からの手紙に対する返信です。念仏を称えることによって、その土地に居づらくなったという手紙だったようです。「ところせし」は「所狭し」で、場所が狭くて余地がないという意味から、気詰まりで窮屈であるという言葉として使われています。念仏を称えることをやめさせようとする者たちがいて、とても厳しい状況であるということです。

「かへすがへすこころぐるしく候ふ」。親鸞さんの辛そうな苦渋の顔が浮かんできます。自分が勧めた念仏によって、居場所がなくなっている人がいるという現実。念仏に生きるということは、そういう状況を現に生み出していたのです。「この世のならひにて念仏をさまたげんことは、かねて仏の説きおかせたまひて候へば、おどろきおぼしめすべからず」と書きながら、辛くてたまらないという気持ちが伝わってきます。

念仏に生きるということ。言い換えれば、人間として自律し自立していくということは、そういう厳しさであるということなのでしょう。居住地を変えてでも守るべき人間の尊厳の証しなのだと伝えているようです。居住地を変えるということが簡単ではないということを知りながらも、何とかしてその厳しい状況を乗り越え、念仏を守り抜いてほしいという願いだったのだろうと思います。

この手紙に「余のひと」という言葉が二回出てきます。「余」とは、当面のことではないそれ以外の、という意味です。Ａ「余のひとびとを縁として」、Ｂ「余の人を強縁として」念仏を広める、という使い方がされています。そこから考えると、念仏を広めるということについて、通常の方法ではなく、強い縁故を利用してということを言っているようです。そうなるとこの余とは、世間の力ある者、権力者を指している言葉と考えられます。

Ａは、地域の権力者を頼って念仏を広めることは、あってはならないことだと言っています。またＢは、親鸞がそう言っていると善鸞が言っているそうだが、言うはずのないことだと記しています。

ここに見えてくるのは、現実の日常生活の中で念仏に立って生きようとするとき、世間の常識的価値観との違いによる摩擦が起こり、それが地域の権力者からの弾圧を招くことになっているということです。そしてその厳しい状況のただ中に置かれた者にとって、楽になる方法として出てくるのが、権力者と妥協するということだったようです。それに対して親鸞さんは、あってはならないと反対し、居場所を変えてでも念仏の生活を守ってほしいと願うのです。そのことがどれほど厳しいことであるのかは、親鸞さん自身が自分の経験から嫌というほど知っているのです。

●「詮ずるところは、そらごとを申し、ひがことをことにふれて、念仏のひとびとに仰せられつけて、念仏をとどめんとするところの領家・地頭・名主の御はからひどものの候ふらんこと、よくよくやうあるべきことなり。……この世のならひにて念仏をさまたげんひとは、そのところの領家・地頭・名主のやうあることにてこそ候はめ。とかく申すべきにあらず。念仏せんひとびとは、かのさまたげをなさんひとをばあはれみをなし、不便におもうて、念仏をもねんごろに申して、さまたげなさんひとを、たすけさせたまふべしとこそ、ふるきひとは申され候ひしか。よくよく御たづねあるべきこと

なり」（親鸞消息）

○「結局のところ、本当でないことを言い、間違ったことをことにふれて念仏者に言い付けて、念仏をやめさせようとする領家や地頭や名主の行動は、十分に理由のあることなのです。……この世の中のいつものことで、念仏を妨げようとする人は、その土地の領家・地頭・名主であって、それは理由のあることなのです。いろいろ言うことではありません。念仏に生きる人は、その妨げる人のことを哀れに思い悲しく思って、念仏を心をこめて申して、妨げをする人を助けてあげてくださいと、古い人はおっしゃってくださいました。そのことをよくお聞きになってください」

「領家・地頭・名主」というその土地の権力者が出てきます。「領家《りょうけ》」というのは、荘園の所有者です。ほとんどが中央にいた貴族や寺社です。「地頭《じとう》」は、幕府が荘園（や国の土地）を管理するために任命した職です。「名主《みょうしゅ》」は、土地（名田）の経営を任され、税の徴収をした者です。その者たちが念仏をやめさせようとしているのであり、しかもそれは世の常の当たり前のことであり、理由のあることなのだと言うのです。その理由とは、どういうものなのでしょうか。それが先ほどの、世間の常識的価値観との違いということです。言い換えるとそれは、力による上下関係を人間の愚かさ悲しさと見抜き、命の尊厳を認め合う対等で平等な新たな人間関係を求めようとする思想的根拠を持ったということです。そしてそれはまた、神を拝まないという姿勢を持つことでもあったのです。

## ■神を拝まないということ

この国の民族宗教である神道は、その当初から政治と一体化していました。その後の日本社会においても、それは変わることはありません。律令制における神祇官は、国家機関の最上位に位置づけられていました。つまり国の政治のもっとも中核的なものとして、神道という宗教が位置していたわけです。

親鸞さんが生きていた平安時代から鎌倉時代も、当然ながら神道という宗教がこの国の人々の精神的基盤にありました。また政治上の制度も、それに乗っかって成り立っていたのも言うまでもありません。さらには仏教界までもが、神道と肩を摺り寄せながら存在していたわけです。そんな状況の中で、念仏を伝えようとするのです。専ら念仏だけを称える。唯一アミダ仏の本願のみを、自分の生きる拠り所とする。仏に帰依し、法に帰依し、僧に帰依することに徹底する。それはひいては、念仏と相容れない宗教に対しては明確な一線を引くということです し、アミダ仏の本願と相容れない価値観に対しては、客観的に問題視せざるをえないということになります。普遍宗教による民族宗教の相対化ですし、本願にもとづく人間社会の相対化です。先に国家を問う視点ということを書きました。この国においては、国家崇拝を精神的に裏付けていたのが、この神祇信仰であったのです。神祇不拝は念仏に生きることそのものでした。

それが机上の話ではなく、現実の社会生活として動き出すとき、どういう状況が始まるのか。それが先ほどの話であるわけです。アミダ仏の本願を仰ぎながら生きるということが、世間の価値観との大きなギャップを生み、権力の末端である地頭や名主たちから圧力をかけられるという事態を生み出していたのです。

確認しておかなければならない大事な点は、そのことについての親鸞さんの姿勢です。そのような状況が生れることは、かねてから説かれてきたことであって、仏教に立つということはそういうことであるのだという理解です。そこには一切のぶれはなく、強い意志で貫かれたものがあります。ただ、念仏申す人たちの現実の厳しさを聞くにつけ、居たたまれない思いを持っていたことは事実でした。自分自身は承元の法難を初めとして、さまざまに弾圧による苦汁をなめ、それを克服してきました。しかしながら、自分の勧めによって念仏を申すようになった人々の厳しさを聞くことには、辛いものがあったであろうと思います。それでもなお、何としてでもそれを支え合って乗り越え、新しい世界を求めるべきだという確固たる姿勢があったということです。弾圧の苦しみを受けてでも求めるべき、大きな喜びの結果が見えていたからだと思います。

■弾圧を乗り越えて

性信という関東の門弟がいます。親鸞さんがもっとも信頼を置いていた人物でした。善鸞義絶の折にも、善鸞への義絶状と同日付けで性信に対して手紙を送り、自分の後継者は善鸞ではなく性信であることを関東の門弟たちに伝えようとしています。その性信は、関東で起こされた裁判に対して、大きな役割を担ったようです。裁判についての詳しいことは分かりませんが、手紙の文面からは、念仏弾圧に関してのことであり、性信が訴えられた裁判であることがわかります。

●「六月一日の御文、くはしくみ候ひぬ。さては、鎌倉にての御訴へのやうは、おろおろうけたまはりて候ふ。この御文にたがはずうけたまはりて候ひしに、別のことはよも候はじとおもひ候ひしに、御くだりうれしく候ふ。

おほかたはこの訴へのやうは、御身ひとりのことにはあらず候ふ。すべて浄土の念仏者のことなり。このやうは、故聖人の御とき、この身どものやうやうに申され候ひしことなり。こともあたらしき訴へにても候はず。性信坊ひとりの沙汰あるべきことにはあらず。念仏申さんひとは、みなおなじこころに御沙汰あるべきことなり」（親鸞消息）

○「六月一日のお手紙を詳しく拝見いたしました。鎌倉での裁判のことは、大体のところは聞いております。このお手紙の内容と同じように聞いておりましたので、特別のことはまさかないだろうと思っておりましたが、何事もなくお帰りになられたとのことでうれしく思います。

そもそもこの裁判は、あなたお一人のことではないのです。浄土往生を願うすべての念仏者のことなのです。このことは、亡き法然聖人がいらっしゃった時に、この私たちもさまざまに言われていたことなのです。とくに新しい訴えというわけではありません。あなたお一人が対応しなければならないことではないのです。念仏を称える者は、みな同じ心で対応しなければならないことなのです」

鎌倉での裁判が無事に終わって、性信が在所に帰ったという手紙を読み、喜びの心で書かれた返信です。ここで親鸞さんは、この訴えは性信一人の問題ではなく、念仏称える者すべてのことであると書いています。また、過去には自分たちも様々に言われたことであり、新しい訴えでもないと言っています。それは先ほどの「この世のならひ」であって、念仏に生きようとする時に、必然的に生じてくる事柄であるということです。

念仏が本来の仏教の本質を持つ以上、世俗権力から弾圧を受けるのは当たり前であり、それに対して右往左往する必要は何もない。自分たちに必要なことは、念仏の教えを丁寧に説明して、法然の言い残した「かのさまたげをなさんを、たすけさせたまふべし」との言葉通り、弾圧する者たちもまた同朋であり、ともにアミダ仏に導かれていくことを願うべきであるということなのでしょう。

●「御文のやう、おほかたの陳状、よく御はからひども候ひけり。うれしく候ふ。詮じ候ふところは、御身にかぎらず念仏申さんひとびとは、わが御身の料はおぼしめさずとも、朝家の御ため国民のために念仏を申しあはせたまひ候はば、めでたう候ふべし。往生を不定におぼしめさんひとは、まづわが身の往生をおぼしめして、御念仏候ふべし。わが身の往生一定とおぼしめさんひとは、仏の御恩をおぼしめさんに、御報恩のために御念仏こころにいれて申して、世のなか安穏なれ、仏法ひろまれとおぼしめすべしとぞ、おぼえ候ふ」（親鸞消息）

○「お手紙にありますあらかたの陳状は、とてもよく処理されており、うれしく思います。結局のところ、あなただけに限らずお念仏を申す人々は、ご自分自身の目的は思わなくても、社会的な問題のため、人々のために、お互いにお念仏を申してくださることが、喜ばしいことであるのです。往生が定まらず心配に思われるお方は、まずご自身の往生のことをお考えになってお念仏を申してください。ご自分の往生について間違いないと思われた方は、アミダ仏の御恩を思うにつけて、御報恩のためにお念仏をお心に入れて申して、世の中が安穏であってほしい、仏法が広まってほしいと考えるべきであると思ってください」

この手紙にある「朝家の御ため」は、一九四五年五月二十一日付けの勝如の消息で次のように引用されました。

●「戦局愈々重大にして皇国今や存亡の関頭に立てり。一宗挙げて国恩に報ゆるのとき今日を措いてまた何れの日にかあらむ。抑々宗祖聖人に、朝家の御ため念仏まうすべきよしの御勧化あり。されば真宗念仏の行者かかる皇国の一大事に際しては宜しく眼中に一身なく、脳裡に一家なく、己を忘れ家を捨て、ひたすら念仏護国の大道を邁進すべきなり。……遺弟今こそ金剛の信力を発揮して念仏の声高らかに各々その職域に挺身し、あくまで驕敵撃滅に突進すべきなり」(勝如消息)

○「戦局はいよいよ重大になってきて、皇国は今や存亡の瀬戸際に立っている。一宗を挙げて国恩に報いる時は、今日をおいていつあるだろうか。宗祖親鸞聖人のお言葉に『朝家の御ため念仏申すべき』という教えがある。であるから真宗念仏の行者は、このような皇国の一大事に際しては、当然ながら眼中に自分のことは考えず、頭に自分の家のこともおかず、自分を忘れ家を捨てて、ひたすら念仏を称え国を護るという大事に邁進すべきだ。……聖人の弟子である私たちは、今こそ揺るぐことのない固い信心の力を発揮して、念仏の声を高らかにあげ、それぞれがその持ち場で身を尽くし、最後まで徹底的に驕れる敵を撃滅するために突進すべきである」

敗戦を目前にして、悲壮感ただよう激しい言葉で「驕敵撃滅」を叫んでいます。その文面に、この性信宛の手紙が引用されています。「朝家の御ため」とは天皇家のためという意味だとして、念仏申す者は天皇のためにすべて捨てて敵を撃てと言うのです。

「朝家《ちょうか》」という言葉は、古語辞典を見ますと「皇室。天皇」とあります。しかし親鸞さんはこの言葉に「おほやけのおんためとまうすなり」という左訓を付けています。「おほやけ」は「公」で、古語辞典を見ると三つの意味が記されています。

①朝廷。政府。
②天皇。皇后や中宮を含むときもある。
③公的なこと。社会的なこと。表向き。

そしてとくに③は、「おほやけわたくし」（公私）という対比で使われることが多いのです。この手紙でも、「わが御身の料」と対句で「朝家の御ため」が使われています。ですからここでは③の意味で受け止めるのが適当であると思います。さらには続いて念を押すように「国民のため」という言葉があり、①や②の意味で書かれたとは考えにくいものです。しかも「国民」にも左訓があり、「くにのたみ、ひゃくしょう」と書かれています。つまり「わが御身の料」と対比されて「朝家の御ため国民のため」があるわけです。「自分自身のためではなく、ひろく社会の民衆一人ひとりのためにこそ、念仏は称えられるべきものだ」という親鸞さんの言葉だと受け止めるべきです。勝如は故意に、「国民のため」を外して「朝家の御ため念仏まうすべき」としています。そして親鸞さんはその後に、「御報恩のために御念仏こころにいれて申して、世のなか安穏なれ、仏法ひろまれとおぼしめすべし」と書いています。勝如はもちろんこの言葉には触れず、朝家という言葉だけを利用して、親鸞さんの言葉とは正反対の主張を行っているのです。

この手紙でも親鸞さんは、自分の往生に不安がある人と、間違いないと思える人とを区別しています。ブッダが方便としての段階を説いたことにならい、親鸞さんもまた仏教を語る時には、本願を聞き始めたばかりの人と、長くなって十分に本願にうなずける人とを分けています。ここでは、自分の往生に不安がある人はそのことをまずしっかり聞くべきだとし、往生一定と思える人は、アミダ仏に対する報恩の心から、アミダ仏の願いである十方衆生利益という心を受け止め、精一杯そのために念仏を申すべきだと言っています。念仏を申すとは、もちろん口を動かすことだけではなく、この世とこの身の悪しきことを厭うということです。

仏教は、私という一人の命を問題にするものではありません。私の命は、十方衆生というありとあらゆる命のつながり合いの中に存在しています。その命のつながり、関係に気づき、もう一度それを作り直すことで、人間としての本来の喜びを見つけ出そうとするものです。この手紙で親鸞さんはそのことに触れているわけです。念仏は自分ひとりのためではなく、社会全体の問題、大勢の民衆たちみんなのためを考える道だと。そのことを願い続けるアミダ仏のご恩を思うならば、世の中が安穏になるようにと願うようになるのは当然だと言うのです。そのような念仏の道は、現実の権力社会の中では良からぬものとして叩かれることになります。性信が誠心誠意取り組んだ裁判も、そのようなものだったのです。別の手紙にこうあります。

●「念仏の訴へのこと、しづまりて候ふよし、かたがたよりうけたまはり候へば、うれしうこそ候へ。いまはよくよく念仏もひろまり候はんずらんとよろこびいりて候ふ。これにつけても御身の料はいま定まらせたまひたり。念仏を御こころにいれてつねに申して、念仏そしらんひとびと、この世のちの世までのことを、いのりあはせたまふべく候ふ。御身どもの料は、御念仏はいまはなにかはせさせたまふべき。ただひがうたる世のひとびとをいのり、弥陀の御ちかひにいれとおぼしめしあはば、仏の御恩を報じまゐらせたまふになり候ふべし。よくよく御こころにいれて申しあはせたまふべく候ふ」（親鸞消息）

○「念仏の訴えのことが静まったということを、あちらこちらから聞いており、うれしく思っています。今後はいよいよ念仏も広まるだろうと喜んでおります。

そのことにつけても、あなたの考えねばならないことは、今明らかになりました。念仏をお心に入れて常に申して、念仏を謗ろうとする人々のこと、この世後の世のことまで、お互いにお考えいただきたいと思います。あなたご自身の考えることとして、お念仏は今は何のためでしょうか。ひとえに間違った世間の人々のことを願い、アミダ仏のお誓いに入ってほしいと思ってくださることが、アミダ仏のご恩に報いることになるのです。よくよくお心に入れてお互いにお念仏を称えさせていただきましょう」

この手紙も性信に宛てたものです。念仏弾圧に関する訴訟も落ち着き、喜んでいる様子が伺えます。そしてここでも、念仏を申すということが、世間の人々のことを思うことであると記されています。アミダ仏の願いに出会う機会のなかった人たちが、世間の価値観のままに行動し、念仏する人を謗ろうとします。その人たちのためにこそ心をかけ、自分と共に本願に帰依する道に入ることを願ってほしいと言うのです。それがアミダ仏のご恩に報いる生き方であると説いています。

ここに私たちは、経典にフィクションとして語られた法蔵の願い。すなわち、十方衆生を利益したいという大きな願いが、この国の鎌倉という時代の中で、親鸞や性信という人物を通して現実に動いている姿を見ることができます。人類が地球上に現れて以来の悠久なる時間の中で、生命と生命が繰り広げてきた対立抗争。その中から少しずつ見えてきた、求むべき真実の楽。そのために必要であったことは、十方衆生がその楽に目覚めること。そしてそのための大いなる拠り所としてブッダが説いたのが、アミダ仏であった。親鸞さんはそう受け止め、それを伝える仕事に自分の生涯を文字通りすべて懸けたのです。

この手紙の文面からは、親鸞さんの気持ちの中に、アミダ・プロジェクトという壮大な事業計画が、少しずつながらも確実に広がっていることを実感している喜びが伺えます。

■絶望の中の希望

アミダ仏の本願を仰ぐ時に見えてくる人間社会の現実と自分自身の現実は、どの一点をとってみても肯定されるものはありません。無明煩悩であり、「あしきこと」であり、「いとふ」べきものでしかありません。それは現実の全否定のように聞こえますが、実はその反対で、現実の人間社会を隈なく救い上げるための最後の手段として生み出されたものであったのです。お先真っ暗であることを自覚することによってしか、その闇を破る手立ては見出せないということです。

●「無明長夜の灯炬なり
智眼くらしとかなしむな
生死大海の船筏なり
罪障おもしとなげかざれ」(『正像末和讃』)

○「人間の愚かなありさまは、明けることのない長い夜のようなものです。そこに働くアミダ仏の本願は、その闇を照らす常なるともしびであり、大いなるともしびです。真実が見えない自分の愚かさを、悲しまないでください。またそれは愚かさの大海原に浮かぶ船のようなものです。自分の罪の重さを嘆かないでください」

明けることのない無明煩悩の闇が続き、際限のない迷いの海が広がっている。その闇の中に行き先を見失い、その海の中に今にも沈み堕ちようとしている。それが私たち人間社会の姿であり、私自身の姿に他なりません。アミダ仏に出会わなければ、私たちはそのことを自覚することができず、愚かさのままに対立し怒りを持ち、傷付けあい苦しみを作り続け、愚痴をこぼしながら命を終えていくことになります。

それを見かねたアミダ仏からの働きかけです。真っ暗闇の中でぶつかり合い傷付け合う私たちを見かねての大きなともし火です。苦しみの海に沈もうとする私たちを、何とか救い上げようという大きな船です。私たちが望んだ火でも船でもありません。アミダ仏の一方的な意思で、無理やり照らし出し、無理やり乗せようとするのです。私たちから言えば、余計なおせっかいです。しかしそのおせっかいによって、否応なしに私たちは目を開かせられていきます。

それまでの自分の現実が、悲しむべきものとして見えてきます。嘆かわしいものとして厭われてくるのです。「どうしたらいいんだろう……」と途方にくれるのです。

そんな私たちへの和讃です。「悲しまなくてもいいよ、嘆かなくてもいいよ」と。お先真っ暗で、絶望しかないようだけれども、確かな道が照らされているよ、という言葉です。その道は楽な道ではないけれども、少しずつでも、お互いがつながり合う喜びが見えているよ。そっちの方向が、しっかりと示されているよ。希望があるよ。そんな親鸞さんからの声です。

●「　如来二種の回向を
　　ふかく信ずるひとはみな
　　等正覚にいたるゆゑ
　　憶念の心はたえぬなり　」（『正像末和讃』）

○「アミダ仏から届けられている二つの働き。すなわち私たちを浄土へ導いて仏に成らせ、その後ふたたび人間社会に還らせて衆生利益の仕事に就かせるという働きを受け止め、それにうなずきながら生きようとする人は、皆すでに仏に成るべき身として存在しているわけですから、仏の願いを深く思う心は絶えることがないのです」

仏に成るということは完全に煩悩を捨て去るということですから、人間の命を持ちながらそうなることはありえません。しかしながら、人間の命を持ったままで、煩悩を抱えたままで、必ず仏に成るべき身になると親鸞さんは言うのです。そうさせようというのが、アミダ・プロジェクトです。すべての者をそこへ導いて行くという計画です。計画発案からプログラム作成、対象者へのアプローチから具体的なかかわり、行動、実践、そして結果の保証まで、すべてアミダ仏が行っています。そこに引きずり込まれていることを自覚した者、この和讃で言えば「如来二種の回向を、ふかく信ずるひと」は、仏になるための条件・要素を身に備えた者になるのだというのです。それを等正覚、あるいは正定聚と呼んでいます。そして親鸞さんが言う「順次の往生」、つまり人間の命を終えたその次の命として、浄土に往生して仏になるというのです。

今、人間として人間社会に生きている私が、いずれ仏に成るべき身としてここに存在している。それはどういうことなのでしょうか。もう一度おさらいしますと、仏に成るということは、大慈悲心を身に付け、十方衆生をわが事と思い、一人の例外もなしに真実の喜びの道へ導きたいと願う心を持つということでした。今ここにいる私に、そうなってほしいとアミダ仏から常に強く願われ続けているということでした。私が生きている現実の人間社会は、まさしく煩悩だけで動いている世界です。強者が弱者を虐げ差別し支配し、絶えず苦悩が生み出され続ける世界です。そしてこの私自身もまた、その本性として煩悩をしっかりと抱えています。その私が、仏に成る身として生きることを願われ、そのアミダ仏の思いと離れられなくなって生きるのです。それは、それ以前の自分とは当然意味合いの違う人間になるということです。人間の中身は何一つ変わりません。しかし拠り所として、自分の思考の基盤として、アミダ仏の願いが入り込んできます。

「この世のあしきことをいとふしるし、この身のあしきことをばいとひすてんとおぼしめすしるし」。アミダ仏の願いに働かれて、人間社会の現実と、そこに生きる私自身の現実が見抜かれ、その問題性が厳しく問われてくる。もちろん私たちは人間であり、問題性が見えたとしても、それを「おもふがごとくたすけとぐること」は不可能です。常に自分に執着し、自分かわいさで自己満足自己保身に走ろうとします。それでもアミダ仏は執拗に願い続けます。そんな中で悶々と生きていったのが親鸞さんです。

このことはとてもとても大事なことなのです。今まで現実の社会と自分のありように無自覚に流されてきた人間が、立ち止まり、もう一度目をこらす。アミダ仏の目をお借りしながら、もう一度見つめなおす。十方衆生利益という視点を仰ぎながら、もう一度自分の足元をながめる。今まで当然であったことが、厭うべきものとして見えてくる。これは人間が、もう一つ別の視線を持つことだと言ってもよいと思います。それは人間が自らの意思で自らを律し（自律）、自らの意思で自らの存在を意味付ける（自立）ということに他なりません。それは人間の営みの流れ（歴史）を、主体的に生きようとする人間の誕生と言ってもよいのです。

歴史的主体を確立すること。そこにこそ、ブッダの残した教えの根本的な目的があったのです。現実の人間社会を生きる私にとっての、仏教の意味です。親鸞さんが出会った仏教の本質です。この私たちに伝えずにはおれなかった親鸞さんの熱い思いです。アミダ仏の本願が起こされ、念仏が説かれてきた意味はそこにあったのです。十方衆生という視野が説かれ、利益衆生という目的が示され、そのための往相還相という回向が語られたのは、すべてそのためのことだったのです。本願の船に乗せられることによって、おのずと見えてくる方向。それが念仏の道です。念仏によって与えられる現実の生きようです。対立を厭い、共存を求める道です。「とも同朋にもねんごろにこころのおはしましあ」う道です。絶望の中にも、希望と展望はあるのです。新しい社会への展望です。

最後にもう一度、『教行信証』の終わりに引用された『安楽集』の言葉を掲げて、この稿を終えたいと思います。

●「真言を採り集めて、往益を助修せしむ。いかんとなれば、前に生れんものは後を導き、後に生れんひとは前を訪へ、連続無窮にして、願はくは休止せざらしめんと欲す。無辺の生死海を尽さんがためのゆゑなり」（『教行信証』に引用された『安楽集』）

○「真実の言葉を集めて往生の助けにしたい。なぜならば、先に生れた者は後の者を導き、後に生れた者は先人を訪ね、どこまでも連続して途中で休んで止まることがないようにしたいからである。それは、どこまでも広がる迷いの人々が、すべて必ず救われるためである」

# おわりに

当初、別の原稿を用意し、ほぼ出来上がっていました。そこに起こったのが、今回のロシアとウクライナの戦争でした。この現実を目にして、私は即座に書き直すことを決めました。人間社会の悲しき現実は、私の想像を超えたところまで来ていました。生半可な本を書いている場合ではないと思いました。いずれ最終的に書かねばならないと思っていたことを、今書かねばならないと強く思ったのです。

ちまたには親鸞さんに関する本が、星の数ほどあふれています。それら一つひとつを検証することは出来ません。しかしながら、例えばこの時代を楽に生きる方法・知恵であるとか、あるいは『教行信証』などを教養や研究の対象物として扱うなど、相当辟易するものがあります。そこに親鸞さんがいるとは思えませんし、むしろそれらは、親鸞さんを見えなくするためのものでしかないように思えます。

今私に必要なことは、この現実の人間社会で、自分自身が日々生きる上において、その根拠足るべき思想基盤としての親鸞さんです。それはとりもなおさず、親鸞さんが私たちに伝え残そうとしたものに他ならないと思っています。人間社会を根底から問い返す視線をもたらす基盤です。アミダ仏の本願とはそれだと思っています。そのことを書きたいと思いました。ただ、それを明快に、誰にでも受け止められる形で、正確に書き出すことは、私にはハードルが高かったようです。不十分な内容であると認めざるを得ません。願わくば、読んでくださる方にその意を汲んでいただき、更なる展開が引き起こされればと思うことです。

最後になりましたが、今回も前回に引き続き、永田文昌堂の永田唯人様には、大変大きなお世話をいただきました。このような本の出版を快くお引き受けいただけたことに、心より厚く御礼を申し上げます。

二〇二二年六月

野世信水

著者紹介

野世信水（のせ　しんすい）
1953年　福井県生まれ
元浄土真宗本願寺派寺院住職
元浄土真宗本願寺派布教使
著書　『親鸞さんはなぜ神を拝まなかったのか
—日本人のアイデンティティ「神道」を問う—』
（2021年　永田文昌堂）
ブログ『親鸞さんと生きる』連載中

アミダ・プロジェクト
—人間社会を問い返す最後の根拠—

二〇二二年九月十五日　第一刷発行

著者　野世信水
発行者　永田悟
印刷所　亜細亜印刷㈱
製本所　㈱吉田三誠堂
発行所　永田文昌堂

600-8342 京都市下京区花屋町通西洞院西入
電話 (〇七五) 三七一—六六五一番
ＦＡＸ (〇七五) 三五一—九〇三一番

ISBN978-4-8162-6251-7 C1015